DEPRESJA

HOLISTYCZNE PODEJŚCIE

DO

ZDROWIA

PSYCHICZNEGO

BY ROBERT ROYCE, CLINPSYD

Depresja:

Holistyczne podejście do zdrowia psychicznego

Wstęp

- **Dlaczego powstała ta książka?**
  Opis intencji autora, aby pomóc osobom zmagającym się z depresją w sposób naturalny i holistyczny.

- **Cel książki:**
  - Edukacja na temat depresji.
  - Przedstawienie alternatywnych metod leczenia.
  - Zasiewanie nadziei na wyleczenie bez farmakologii.

- **Kim jestem i dlaczego o tym piszę?**
  Krótkie wprowadzenie autora, jego doświadczeń oraz źródeł wiedzy.

Rozdział 1: Czym jest depresja?

Rozdział 2: Skąd bierze się depresja?

Rozdział 3: Objawy depresji

Rozdział 4: Podejście holistyczne do depresji

Rozdział 5: Jak radzić sobie z depresją?

Rozdział 6: Naturalne metody leczenia depresji

Rozdział 7: Przypadki sukcesu: Historie osób, które pokonały depresję

Rozdział 8: Jak znaleźć własną drogę do zdrowia?

Rozdział 9: Rola nauki i przyszłość leczenia depresji

Zakończenie: Nadzieja na zdrowienie

- Podsumowanie kluczowych wniosków.
- Wsparcie i słowa otuchy dla czytelników.
- Zaproszenie do działania i próbowania przedstawionych metod.

Dlaczego powstała ta książka?

Depresja to jedno z najbardziej powszechnych i jednocześnie niezrozumianych zaburzeń naszych czasów. Szacuje się, że miliony ludzi na całym świecie zmagają się z tą chorobą, a liczby te wciąż rosną. Mimo postępów w medycynie i technologii, depresja nadal pozostaje piętnowana, niewłaściwie diagnozowana lub nieodpowiednio leczona. Ta książka powstała z potrzeby podjęcia tego wyzwania w sposób holistyczny i zrozumiały, oferując nadzieję i praktyczne rozwiązania dla tych, którzy czują, że tradycyjne metody zawiodły.

Depresja: Epidemia naszych czasów

Współczesny świat stawia przed nami ogromne wyzwania: presję sukcesu, izolację społeczną, brak równowagi między życiem zawodowym a prywatnym. Wszystko to prowadzi do narastającej fali problemów psychicznych, z których depresja jest jednym z najbardziej powszechnych. Jednak zamiast zrozumienia i wsparcia, osoby cierpiące na depresję często spotykają się z niezrozumieniem, obojętnością lub presją, by „po prostu się ogarnąć".

Jako autor tej książki, sam zetknąłem się z depresją – zarówno osobiście, jak i w pracy z ludźmi, którzy każdego dnia walczą o lepsze jutro. Zrozumiałem, że depresja nie jest jedynie brakiem szczęścia czy chwilowym załamaniem, ale głębokim zaburzeniem, które wpływa na każdą sferę życia: emocje, ciało i umysł.

Poszukiwanie alternatywnych dróg

Tradycyjne podejście do leczenia depresji często opiera się na farmakologii i standardowych terapiach, które choć mogą przynieść ulgę, nie zawsze rozwiązują problem u źródła. Dla wielu osób leki przeciwdepresyjne są trudne do tolerowania, a efekty uboczne stają się dodatkowym ciężarem. Ta książka powstała, aby pokazać, że istnieją inne ścieżki – naturalne, holistyczne i pełne nadziei.

Mój cel to wyjście poza utarte schematy i zaproponowanie nowego spojrzenia na depresję. Holistyczne podejście, które proponuję, koncentruje się na równowadze między ciałem, umysłem i duchem, podkreślając znaczenie stylu życia, naturalnych terapii i pracy nad emocjami.

Dlaczego holistyczne podejście?

Depresja to nie tylko zaburzenie chemiczne w mózgu, jak często jest przedstawiana. To złożony problem, który ma korzenie w naszej biologii, psychice i otaczającym świecie. Podejście holistyczne pozwala spojrzeć na depresję w szerszym kontekście, uwzględniając wszystkie aspekty życia, które mogą wpływać na nasze samopoczucie:

- **Styl życia:** Jak dieta, ruch i sen wpływają na nasze zdrowie psychiczne?

- **Relacje międzyludzkie:** Jak wsparcie bliskich może zmienić nasze postrzeganie świata?

- **Praca z emocjami:** Jak radzić sobie z traumą, stresem i negatywnymi przekonaniami?

- **Naturalne terapie:** Jak ziołolecznictwo, medytacja czy mikrodozowanie psylocybiny mogą wspierać proces zdrowienia?

W tej książce chcę zaprosić Cię do podróży, która nie tylko pozwoli lepiej zrozumieć depresję, ale również pokaże, jak holistyczne podejście może przynieść ulgę i nadzieję.

Nadzieja dla tych, którzy czują się zagubieni

Kiedy pracowałem z osobami cierpiącymi na depresję, zauważyłem jedną wspólną cechę: większość z nich czuła, że nie ma nadziei. Ta książka ma być odpowiedzią na to poczucie bezsilności. Chcę, aby każdy czytelnik zrozumiał, że istnieją różne drogi do zdrowia psychicznego i że każda z nich jest warta eksploracji.

Czerpiąc z badań naukowych z USA, Niderlandów i Polski, chciałem stworzyć przewodnik, który nie tylko edukuje, ale także inspiruje. Badania nad psylocybiną, zielarstwem czy wpływem stylu życia na zdrowie psychiczne pokazują, że naturalne metody mogą być równie skuteczne, co tradycyjne terapie – a czasem nawet bardziej.

Książka, która daje nadzieję

Nie jestem przeciwnikiem farmakologii, ale uważam, że nie powinna być jedyną odpowiedzią na depresję. Ta książka powstała, aby otworzyć przed Tobą nowe możliwości, pokazać alternatywy i zainspirować do podjęcia działania. Chcę, abyś uwierzył, że nawet w najciemniejszych chwilach istnieje światło – czasem wystarczy spojrzeć na swoje życie z innej perspektywy.

Inspiracja z życia innych

W książce znajdziesz historie ludzi, którzy pokonali depresję dzięki podejściu holistycznemu. Te historie mają nie tylko edukować, ale przede wszystkim dawać nadzieję. Ich doświadczenia pokazują, że możliwe jest nie tylko złagodzenie objawów depresji, ale także pełne zdrowienie i powrót do życia pełnego sensu.

Zaproszenie do odkrywania nowych ścieżek

Ta książka to więcej niż poradnik – to zaproszenie do odkrywania siebie, do zadawania pytań i poszukiwania odpowiedzi, które mogą odmienić Twoje życie. Jeśli zmagasz się z depresją, wiedz, że nie jesteś sam. Istnieją rozwiązania, które mogą pomóc – nawet jeśli są one „niekonwencjonalne" lub „inne".

Dziękuję, że sięgnąłeś po tę książkę. Mam nadzieję, że znajdziesz w niej nie tylko wiedzę, ale także inspirację do podjęcia kroków w kierunku zdrowia i szczęścia.

Rozdział 1: Czym jest depresja?

Definicja depresji i model "trójkąta poznawczego" Becka

Depresja jest zaburzeniem psychicznym, które wpływa na każdą sferę życia osoby dotkniętej tym stanem, zarówno dorosłych, jak i dzieci. Choć depresja bywa często postrzegana w kulturze popularnej jako chwilowy smutek lub przygnębienie, jej medyczna definicja wskazuje na poważny stan, który może prowadzić do chronicznych trudności i w skrajnych przypadkach do samobójstw. Depresja nie jest stanem przejściowym, lecz przewlekłym zaburzeniem, które wymaga odpowiedniej diagnozy i leczenia.

Depresja a smutek – różnice

Depresja różni się od chwilowego smutku, który jest naturalną reakcją na trudne sytuacje życiowe. Smutek jest chwilowy i ustępuje po kilku dniach, natomiast depresja to stan długotrwały, który może nasilać się w czasie i ma charakter przewlekły. Osoby cierpiące na depresję nie potrafią znaleźć radości w czynnościach, które wcześniej sprawiały im przyjemność, a ich objawy mają negatywny wpływ na codzienne funkcjonowanie.

Częstość występowania depresji

Zgodnie z danymi Światowej Organizacji Zdrowia (WHO), depresja jest jednym z najczęściej występujących zaburzeń psychicznych na świecie. Szacuje się, że około 280 milionów ludzi doświadcza depresji każdego roku. Depresja dotyka ludzi niezależnie od regionu, kultury czy klasy społecznej, co sprawia, że jest problemem o zasięgu globalnym.

Klasyfikacja depresji

ICD-10 i DSM-5

Zgodnie z klasyfikacją Międzynarodowej Klasyfikacji Chorób (ICD-10) oraz podręcznikiem diagnostycznym DSM-5, depresja jest zaburzeniem nastroju, które charakteryzuje się obniżonym nastrojem, brakiem energii, poczuciem beznadziejności oraz utratą zainteresowań. Obie klasyfikacje uwzględniają różne formy depresji, takie jak depresja jednobiegunowa (depresja właściwa), depresja dwubiegunowa, depresja sezonowa oraz depresja psychotyczna.

W ICD-10 depresja jest klasyfikowana jako:

- Epizod depresyjny,
- Depresja przewlekła,
- Zaburzenie afektywne dwubiegunowe z epizodami depresyjnymi.

DSM-5 wprowadza również podział na zaburzenia depresyjne o różnym stopniu nasilenia objawów, takie jak:

- Depresja dużej intensywności (większy wpływ na funkcjonowanie),
- Depresja o mniejszym nasileniu (depresja dystymiczna).

Inne kryteria diagnostyczne

Zarówno ICD-10, jak i DSM-5 podkreślają, że diagnoza depresji nie powinna opierać się wyłącznie na objawach emocjonalnych, ale także na zmianach w zakresie funkcjonowania społecznego, zawodowego i fizycznego.

Objawy depresji wg DSM-5

Depresja charakteryzuje się szerokim zakresem objawów, które wpływają na emocje, myśli, zachowanie i funkcjonowanie fizyczne osoby dotkniętej tym zaburzeniem. Zgodnie z DSM-5, do głównych objawów depresji należą:

Obniżony nastrój przez większość dnia, niemal codziennie

Depresja powoduje długotrwałe obniżenie nastroju, które wpływa na codzienne funkcjonowanie. Osoby z depresją czują się smutne, zniechęcone i pozbawione radości, co utrudnia im cieszenie się z aktywności, które kiedyś sprawiały im przyjemność.

Utrata zainteresowań i przyjemności

Anhedonia, czyli utrata zdolności do odczuwania przyjemności, jest jednym z kluczowych objawów depresji. Zainteresowanie życiem maleje, a codzienne czynności stają się nużące i obojętne.

Zmiany wagi i apetytu

Depresja wpływa na apetyt, co może prowadzić do znacznej utraty wagi lub jej przyrostu. Zmiany te mogą wynikać z zaburzeń apetytu, takich jak brak apetytu, bądź zmiany metabolizmu wynikające z obniżonego nastroju.

Zaburzenia snu

Osoby z depresją mogą doświadczać trudności z zasypianiem (bezsenność) lub nadmierną sennością. Często mają trudności z wstaniem rano, co pogłębia uczucie zmęczenia.

Spowolnienie lub pobudzenie psychoruchowe

Depresja wpływa na tempo działania. Osoba może doświadczać spowolnienia psychoruchowego (trudności w koncentracji, wykonywaniu codziennych czynności), lub odwrotnie, stanów pobudzenia, gdzie nie potrafi usiedzieć w miejscu, staje się nerwowa i niespokojna.

Zmęczenie i utrata energii

Zwiększone uczucie zmęczenia, które nie ustępuje po odpoczynku, jest charakterystycznym objawem depresji. Osoby cierpiące na depresję nie mają energii do wykonywania jakiejkolwiek aktywności.

Poczucie bezwartościowości i nadmierna wina

Poczucie bezwartościowości oraz nadmierna wina to istotne symptomy depresji. Osoby z depresją mogą czuć się winne za sytuacje, które są poza ich kontrolą, prowadząc do chronicznego poczucia winy i samokrytyki.

Problemy z koncentracją i podejmowaniem decyzji

Depresja wpływa na zdolność koncentracji i podejmowania decyzji. Osoby dotknięte tym zaburzeniem mogą mieć trudności z wykonywaniem prostych zadań, takich jak skupienie się na rozmowie lub podjęcie decyzji.

Myśli o śmierci lub samobójstwie

W najcięższych przypadkach depresji osoby mogą mieć myśli samobójcze. Myśli o śmierci i beznadziejności przyszłości są jednym z najgroźniejszych objawów depresji, które wymagają natychmiastowej interwencji medycznej.

Mechanizmy psychologiczne depresji

Model trójkąta poznawczego Becka

Aaron T. Beck, twórca psychoterapii poznawczo-behawioralnej, zaproponował model "trójkąta poznawczego", który wyjaśnia, jak negatywne przekonania o sobie, świecie i przyszłości prowadzą do depresji. Zgodnie z tym modelem, obniżony nastrój jest wynikiem interakcji trzech głównych obszarów przekonań:

1. **Negatywne przekonania o sobie** – Osoby z depresją często postrzegają siebie jako niewystarczająco wartościowe, niezdolne do radzenia sobie z trudnościami. Często utożsamiają swoje niepowodzenia z osobistą porażką, co prowadzi do poczucia bezwartościowości.

2. **Negatywne przekonania o świecie** – W depresji świat postrzegany jest jako nieprzyjazny i pełen zagrożeń. Osoby z depresją odczuwają, że nie mają kontroli nad swoim życiem i są skazane na niepowodzenie.

3. **Negatywne przekonania o przyszłości** – W depresji przyszłość jest postrzegana jako beznadziejna, co pogłębia

poczucie zniechęcenia i rezygnacji z jakiejkolwiek aktywności.

Zniekształcenia poznawcze w depresji

Osoby z depresją stosują specyficzne zniekształcone wzorce myślenia, które pogłębiają negatywne postrzeganie siebie, świata i przyszłości. Wśród tych błędów poznawczych Beck wyróżnia:

- **Myślenie czarno-białe** – widzenie sytuacji tylko w skrajnych kategoriach.

- **Katastrofizacja** – wyolbrzymianie negatywnych konsekwencji.

- **Personalizacja** – obwinianie się za wydarzenia poza kontrolą.

- **Filtrowanie** – ignorowanie pozytywnych aspektów sytuacji.
- **Przesadne wnioski** – wyciąganie daleko idących wniosków na podstawie drobnych niepowodzeń.

Leczenie depresji

Psychoterapia

Psychoterapia, zwłaszcza terapia poznawczo-behawioralna, jest jedną z najskuteczniejszych metod leczenia depresji. Terapia ta koncentruje się na identyfikowaniu i modyfikowaniu negatywnych wzorców myślenia, które utrzymują depresję.

Farmakoterapia

Leczenie depresji może również obejmować stosowanie leków przeciwdepresyjnych, takich jak selektywne inhibitory zwrotnego wychwytu serotoniny (SSRI), które pomagają regulować poziom neuroprzekaźników w mózgu, co może poprawić nastrój pacjenta.

Wnioski i dalsze kierunki badań

Model "trójkąta poznawczego" Becka pozostaje jednym z najważniejszych podejść w leczeniu depresji. Zrozumienie, jak zniekształcone myślenie przyczynia się do depresji, umożliwiło opracowanie skutecznych narzędzi terapeutycznych. Jednak wciąż istnieje wiele obszarów wymagających dalszego zgłębiania, w tym badania nad neurobiologią depresji, skutecznością nowych metod leczenia, takich jak terapia psychodynamiczna czy terapie oparte na uważności (mindfulness).

Ewolucja spojrzenia na depresję

Starożytność: Hipokrates i koncepcja czterech humorów

Początki zrozumienia depresji sięgają czasów starożytnych, gdzie pojęcia takie jak melancholia były rozpoznawane, choć nie w taki sposób, jak rozumiemy je dzisiaj. W starożytnej Grecji Hipokrates, zwany ojcem medycyny, zapoczątkował pierwsze systematyczne podejście do problemu psychicznych zaburzeń. Hipokrates w swojej teorii czterech humorów – krwi, flegmy, żółci i czarnej żółci – próbował wyjaśnić wszelkie dolegliwości ciała i umysłu. Melancholia, czyli dziś rozumiana jako depresja, była wynikiem nadmiaru czarnej żółci, jednej z czterech podstawowych substancji w organizmach ludzkich, których zrównoważenie miało wpływ na zdrowie fizyczne i psychiczne.

Hipokrates uważał, że zmiana w proporcji humorów prowadzi do różnych stanów chorobowych, w tym melancholii. Nadmiar czarnej żółci miał powodować smutek, przygnębienie i apatię, co dziś kojarzymy z objawami depresji. Jednak starożytne podejście do depresji miało charakter bardziej fizjologiczny, uważano, że równowaga humorów wewnętrznych była kluczowa dla dobrego samopoczucia i zdrowia psychicznego. To zrozumienie melancholii jako zaburzenia fizycznego miało dominować aż do początków średniowiecza, kiedy to wraz z dominującym wpływem religii, depresja zaczęła być postrzegana z innej perspektywy.

Średniowiecze: Depresja jako grzech i kara boska

W średniowieczu, które charakteryzowało się silnym wpływem Kościoła na życie codzienne, depresja zaczęła być postrzegana jako coś o charakterze duchowym, moralnym, a nie wyłącznie fizjologicznym. Ciało i umysł były traktowane jako elementy zależne od woli Boga, a depresja była utożsamiana z grzechem lub karą za złamanie boskich nakazów. W tym czasie istniało przekonanie, że osoby cierpiące na depresję mogą być karane za swoje przewinienia moralne, które wymagały pokuty.

Depresja, podobnie jak inne choroby psychiczne, była postrzegana w kontekście duchowych zmagań, a leczenie często ograniczało się do praktyk religijnych, takich jak modlitwy, posty czy pokuta.

Wierzono, że depresja jest wynikiem działania złych duchów, grzechu lub braku bożej łaski. W kontekście terapii, modlitwa oraz nawrócenie były najczęściej stosowanymi metodami leczenia. Często pacjenci byli kierowani do klasztorów, gdzie próbowano leczyć ich poprzez skupienie na duchowych aspektach ich życia, co miało na celu przywrócenie harmonii duszy z Bogiem. Takie podejście dominowało aż do XVIII i XIX wieku, kiedy to zrozumienie depresji zaczęło stopniowo zmieniać się na bardziej psychologiczne i biologiczne.

IX wiek: Emil Kraepelin i podział na depresję endogenną i egzogenną

Pod koniec XIX wieku, w okresie, w którym nauka zaczynała zdobywać większą autonomię względem religii i filozofii, nastąpił przełom w rozumieniu depresji. Niemiecki psychiatra Emil Kraepelin wprowadził istotny podział zaburzeń psychicznych, w tym depresji, na podstawie ich przyczyn – biologicznych i zewnętrznych. W swoich badaniach nad psychiatrią, Kraepelin zaproponował rozróżnienie między depresją **endogenną**, a depresją **egzogenną**.

Depresja endogenna miała być zaburzeniem, które wynikało z biologicznych i genetycznych predyspozycji jednostki, a więc z "wewnętrznych" czynników, takich jak zaburzenia w pracy mózgu lub neuroprzekaźników. Kraepelin traktował depresję endogenną jako problem biologiczny, który można było badać i rozwiązywać w kontekście naukowym. Z kolei depresja egzogenna była związana z czynnikami zewnętrznymi – takimi jak traumatyczne przeżycia, stresujące sytuacje życiowe, utrata bliskiej osoby czy problemy finansowe – które miały prowadzić do załamania psychicznego.

Podział ten pozwolił na bardziej systematyczne podejście do depresji, ponieważ wyodrębnienie dwóch typów zaburzeń – z biologicznymi i zewnętrznymi przyczynami – umożliwiło wprowadzenie różnych metod leczenia. Kraepelin w swoich badaniach nad psychopatologią rozwinął klasyfikację zaburzeń psychicznych, w której depresja została uwzględniona jako jedno z poważniejszych zaburzeń psychicznych. Kraepelin podkreślał, że depresja endogenna miała wyraźne objawy biologiczne i wymagała leczenia farmakologicznego, podczas gdy depresja egzogenna mogła być bardziej skutecznie leczona za pomocą psychoterapii, która pomagała pacjentowi poradzić sobie z czynnikami zewnętrznymi.

Rozróżnienie to miało ogromny wpływ na rozwój psychiatrii, ponieważ spopularyzowało podejście do depresji jako zaburzenia, które można klasyfikować według różnych kryteriów. Wpłynęło to na rozwój nowoczesnych teorii, które łączyły zarówno biologiczne, jak i psychologiczne aspekty depresji. To podejście, choć stopniowo ewoluowało, było jednym z fundamentów współczesnego modelu biopsychospołecznego, który uwzględnia interakcję czynników biologicznych, psychologicznych i społecznych w powstawaniu depresji.

Współczesne podejście do depresji – Model biopsychospołeczny

Współczesne rozumienie depresji oparte jest na integracji różnych teorii i podejść, które uwzględniają zarówno biologiczne, psychologiczne, jak i społeczne aspekty tego zaburzenia. Zgodnie z tym modelem depresja jest wynikiem złożonej interakcji wielu czynników. Jest to podejście, które wykracza poza prostą klasyfikację chorób psychicznych, uwzględniając w pełni ich kontekst biologiczny, psychologiczny i społeczny. Współczesne badania nad depresją, zwłaszcza na poziomie neurobiologicznym, dostarczają nowych wglądów, które nie tylko poszerzają naszą wiedzę o samej chorobie, ale również otwierają nowe możliwości terapeutyczne.

Model biopsychospołeczny

Model biopsychospołeczny, który zyskał na znaczeniu w XX wieku, traktuje depresję jako zaburzenie wynikające z wzajemnych oddziaływań trzech głównych czynników: biologicznych, psychologicznych i społecznych.

Czynniki biologiczne

Biologiczne podstawy depresji są obecnie jednym z najlepiej zbadanych aspektów tego zaburzenia. W tym kontekście szczególną uwagę zwraca się na funkcjonowanie mózgu, neuroprzekaźniki (takie jak serotonina, dopamina, noradrenalina), zmiany strukturalne w mózgu oraz genetykę. Już w latach 60-tych XX wieku, na podstawie badań nad lekami przeciwdepresyjnymi, zrozumiano, że zmiany w poziomach neuroprzekaźników odgrywają kluczową rolę w rozwoju depresji.

Z kolei badania neuroobrazowe wykazały, że u osób cierpiących na depresję mogą występować zmiany w strukturach mózgu, zwłaszcza w rejonach takich jak kora przedczołowa, hipokamp czy ciało migdałowate. Zmniejszona aktywność w korze przedczołowej, odpowiedzialnej za kontrolowanie emocji, jest jednym z charakterystycznych elementów depresji. Z kolei hipokamp, który pełni rolę w pamięci i regulowaniu emocji, może ulegać zmniejszeniu u osób cierpiących na przewlekłą depresję.

Czynniki psychologiczne

Czynniki psychologiczne obejmują wewnętrzne mechanizmy przetwarzania emocji, myśli oraz nawyki behawioralne, które mogą przyczyniać się do rozwoju depresji. Duże znaczenie w tym kontekście mają mechanizmy poznawcze i emocjonalne, takie jak sposób myślenia o sobie i świecie. Teoria poznawcza, rozwinięta przez Aarona T. Becka, sugeruje, że osoby depresyjne często mają negatywne schematy myślenia, które prowadzą do pesymistycznej oceny siebie, świata i przyszłości, co pogłębia ich stan depresyjny. Ponadto, osoby z tendencją do ruminacji – czyli długotrwałego skupiania się na negatywnych myślach – mogą być bardziej narażone na rozwój depresji. W kontekście psychologii, istotnym zagadnieniem jest również rola stresu w inicjowaniu i utrzymaniu depresji. Chroniczny stres, trudne przeżycia życiowe, traumy czy trudności w radzeniu sobie z emocjami mogą przyczynić się do pojawienia się tego zaburzenia.

Czynniki społeczne

Depresja jest również głęboko związana z czynnikami społecznymi. Zmiany w strukturze społecznej, relacje międzyludzkie, sytuacja zawodowa, ekonomiczna i rodzinne konflikty mogą stanowić istotne czynniki ryzyka w rozwoju depresji. Społeczne izolowanie się, trudności w komunikacji z innymi, brak wsparcia społecznego oraz doświadczenia związane z odrzuceniem czy brakiem akceptacji społecznej mogą prowadzić do poczucia beznadziejności, które jest typowe dla depresji.

Dodatkowo, w obecnym świecie postępującej cyfryzacji, problem depresji nasila się poprzez zjawisko mediów społecznościowych, które często prowadzą do porównań, poczucia niedostateczności i osamotnienia.

Neurobiologia depresji: badania Dr. Helen Mayberg

Jednym z najistotniejszych postępów w zrozumieniu depresji było przełomowe odkrycie obwodów mózgowych związanych z tym zaburzeniem, dokonane przez Dr. Helen Mayberg, neurobiologa i psychiatra. Jej badania nad aktywnością w mózgu pacjentów cierpiących na depresję pomogły zidentyfikować konkretne obszary mózgu, które mogą odgrywać kluczową rolę w rozwijaniu i utrzymywaniu depresji.

Dr. Mayberg zidentyfikowała "obwody depresji" w mózgu, w szczególności połączenia między korą przedczołową a ciałem migdałowatym. Kora przedczołowa, odpowiedzialna za planowanie, podejmowanie decyzji, kontrolowanie emocji, wykazuje mniejszą aktywność u osób cierpiących na depresję. Ciało migdałowate, które odgrywa kluczową rolę w przetwarzaniu emocji i reakcji na stres, wykazuje natomiast nadmierną aktywność. To zaburzenie równowagi między tymi strukturami może prowadzić do trudności w zarządzaniu emocjami i przeżywaniu negatywnych uczuć, co jest charakterystyczne dla depresji.

W kontekście tych odkryć, Dr. Mayberg rozwijała także badania nad zastosowaniem głębokiej stymulacji mózgu (DBS) w leczeniu depresji opornej na leczenie farmakologiczne. W tym przypadku elektrody wstawiane do obszaru mózgu, który wykazuje zmienioną aktywność, mogą pomóc przywrócić równowagę i poprawić nastrój pacjenta. Takie podejście stanowi nową drogę leczenia depresji, szczególnie w przypadkach, gdzie tradycyjne metody zawodzą.

Interwencje terapeutyczne – Terapia psychologiczna i leki

Współczesne podejście do leczenia depresji łączy różnorodne metody terapeutyczne, w tym terapię psychologiczną, farmakoterapię oraz techniki neuromodulacyjne. Terapia psychologiczna, szczególnie terapia poznawczo-behawioralna (CBT), jest jedną z najskuteczniejszych metod leczenia depresji. CBT pomaga pacjentom identyfikować i modyfikować negatywne wzorce myślenia, co ma na celu zmniejszenie objawów depresyjnych.

Leki przeciwdepresyjne, takie jak selektywne inhibitory wychwytu zwrotnego serotoniny (SSRI), inhibitory wychwytu zwrotnego noradrenaliny i serotoniny (SNRI), a także trójpierścieniowe leki przeciwdepresyjne (TCA), są szeroko stosowane w leczeniu depresji. Leki te działają na poziomie neuroprzekaźników, przywracając równowagę chemiczną w mózgu, co pozwala złagodzić objawy depresji.

Coraz większą uwagę zwraca się także na alternatywne podejścia terapeutyczne, takie jak terapia psychodeliczna. Badania nad substancjami psychoaktywnymi, takimi jak psylocybina i MDMA, wykazują ich potencjał w leczeniu depresji, zwłaszcza w przypadkach opornych na tradycyjne leczenie. Psychodeliki, pod kontrolą terapeutyczną, pomagają w rewitalizacji więzi emocjonalnych i przetwarzaniu traumatycznych doświadczeń, oferując nowe perspektywy w leczeniu depresji.

Globalne statystyki i wpływ społeczny

Depresja, jako jedno z największych globalnych wyzwań zdrowotnych, jest nie tylko źródłem intensywnego cierpienia dla jednostek, ale również ma szeroki wpływ na społeczeństwa i gospodarki na całym świecie. Jednym z podstawowych problemów związanych z depresją jest fakt, że wiele przypadków tego zaburzenia nie jest odpowiednio rozpoznawanych i leczonych. Z danych Światowej Organizacji Zdrowia (WHO) wynika, że około 5% dorosłej populacji cierpi na depresję, co w skali globalnej przekłada się na setki milionów osób borykających się z tą chorobą. W krajach rozwiniętych, takich jak Stany Zjednoczone, National Institute of Mental Health (NIMH) wskazuje, że 8,4% dorosłych doświadcza epizodu depresyjnego każdego roku, co podkreśla skalę tego problemu. Warto jednak zauważyć, że te liczby mogą być jeszcze wyższe, ponieważ wiele osób nie szuka pomocy z powodu braku świadomości lub obawy przed stygmatyzacją.

W Polsce, według dostępnych danych, depresja dotyczy 3-5% dorosłej populacji. Warto jednak podkreślić, że to tylko szacunkowe dane, a rzeczywista liczba osób cierpiących na depresję może być znacznie wyższa. Problemem w Polsce jest zarówno brak odpowiedniej świadomości na temat zdrowia psychicznego, jak i silne społeczne uprzedzenia związane z chorobami psychicznymi. Wciąż pokutuje przekonanie, że depresja jest wynikiem słabości charakteru, co może powodować, że osoby cierpiące na to zaburzenie nie szukają pomocy. Z raportu Polskiego

Towarzystwa Psychiatrycznego z 2022 roku wynika, że brak zrozumienia i obawy przed stygmatyzacją są głównymi powodami, dla których wiele osób nie podejmuje leczenia. Takie postawy skutkują pogłębianiem się problemu i utrudniają dostęp do odpowiedniej opieki psychologicznej czy psychiatrycznej.

Współczesne społeczeństwa coraz bardziej zdają sobie sprawę z rosnącej liczby osób zmagających się z depresją. Społeczne skutki tego zaburzenia są szerokie i dotykają różnych aspektów życia. Jednym z najbardziej zauważalnych efektów depresji w skali makrospołecznej jest wzrost liczby dni wolnych od pracy. Osoby cierpiące na depresję często nie są w stanie wykonywać swoich obowiązków zawodowych, co prowadzi do absencji w pracy i zmniejszenia wydajności. Badania pokazują, że depresja jest jednym z głównych powodów nieobecności w pracy w krajach rozwiniętych. W Stanach Zjednoczonych, szacuje się, że depresja powoduje ponad 200 milionów dni roboczych nieobecności rocznie, co generuje ogromne straty ekonomiczne. Ponadto, osoby z depresją mogą mieć trudności z koncentracją i podejmowaniem decyzji, co wpływa na jakość ich pracy i może prowadzić do błędów zawodowych. Te negatywne skutki dla rynku pracy są również odczuwalne przez pracodawców, którzy muszą zmagać się z niższą efektywnością swoich pracowników oraz z koniecznością organizowania zastępstw, co generuje dodatkowe koszty.

Innym poważnym społecznym skutkiem depresji jest pogorszenie jakości życia rodzinnego. Depresja nie dotyczy tylko osoby cierpiącej na nią, ale także jej najbliższego otoczenia. Osoby z depresją często wycofują się z życia społecznego, co prowadzi do problemów w relacjach interpersonalnych, zarówno w pracy, jak i w życiu prywatnym. Partnerzy osób cierpiących na depresję często muszą radzić sobie z dodatkowymi obowiązkami związanymi z opieką nad chorym, co może prowadzić do wypalenia zawodowego i problemów emocjonalnych. Dzieci osób z depresją mogą również doświadczać trudności w codziennym życiu, ponieważ ich rodzice nie są w stanie w pełni angażować się w wychowanie i opiekę nad nimi. Często dochodzi do napięć i konfliktów w rodzinie, co pogarsza ogólne samopoczucie wszystkich jej członków.

Społeczne skutki depresji wykraczają również poza życie rodzinne i zawodowe, a ich konsekwencje mogą dotyczyć całych społeczności. Wzrost liczby osób cierpiących na depresję generuje dodatkowe obciążenie dla systemów opieki zdrowotnej. W wielu krajach, w tym także w Polsce, systemy te są niedostatecznie przygotowane na radzenie sobie z rosnącym zapotrzebowaniem na usługi psychiatryczne i psychologiczne. Zwiększający się odsetek osób poszukujących pomocy psychologicznej i psychiatrycznej wymusza konieczność adaptacji infrastruktury medycznej, co wiąże się z dodatkowymi nakładami finansowymi. W Polsce brakuje specjalistów w dziedzinie psychiatrii, a dostęp do terapii psychologicznych jest utrudniony, zwłaszcza w mniejszych miastach i na wsiach. Pacjenci, którzy szukają pomocy, często napotykają na długie kolejki do specjalistów, co powoduje opóźnienia w leczeniu i może pogłębiać stan zdrowia psychicznego.

Również z perspektywy ekonomicznej depresja stanowi duże obciążenie. Osoby cierpiące na depresję częściej wymagają leczenia szpitalnego oraz terapii długoterminowych, co wiąże się z wysokimi kosztami. Ponadto, depresja prowadzi do zwiększonej liczby wizyt u lekarzy pierwszego kontaktu, którzy nie zawsze mają odpowiednie kompetencje, by diagnozować i leczyć zaburzenia psychiczne. Z tego powodu wiele osób z depresją nie otrzymuje odpowiedniego leczenia, co prowadzi do pogorszenia ich stanu zdrowia i wzrostu kosztów leczenia.

Depresja może również prowadzić do rozwoju innych chorób somatycznych, takich jak choroby serca, cukrzyca czy zaburzenia metaboliczne. Osoby z depresją mają większe ryzyko rozwoju schorzeń somatycznych, ponieważ chroniczny stres i zła kondycja psychiczna mogą negatywnie wpływać na funkcjonowanie układu odpornościowego, sercowo-naczyniowego i metabolicznego. Ponadto, osoby z depresją często prowadzą niezdrowy tryb życia – nadużywają alkoholu, palą papierosy lub prowadzą siedzący tryb życia, co dodatkowo zwiększa ryzyko chorób somatycznych. Z perspektywy długoterminowej, depresja przyczynia się do wzrostu kosztów leczenia innych schorzeń, które są wynikiem zaniedbania zdrowia fizycznego związanych z depresją.

Wszystkie te efekty społeczne oraz zdrowotne mają ogromne konsekwencje nie tylko dla jednostek, ale także dla społeczeństw i gospodarek. Wzrost liczby osób cierpiących na depresję, ich nieobecność w pracy, problemy w rodzinach oraz obciążenie systemów opieki zdrowotnej to tylko niektóre z aspektów, które wskazują na pilną potrzebę podjęcia działań mających na celu poprawę dostępu do leczenia zdrowia psychicznego oraz zwiększenie świadomości społecznej na temat depresji. Bez wprowadzenia skutecznych zmian w tych obszarach, problem depresji będzie nadal rósł, a jego negatywne konsekwencje będą dotykać coraz szersze grupy osób.

Biologiczne podstawy depresji

Neuroprzekaźniki: Serotonina, noradrenalina i dopamina

Neuroprzekaźniki, takie jak serotonina, noradrenalina i dopamina, odgrywają kluczową rolę w regulacji nastroju, emocji oraz wielu funkcji poznawczych. Dysfunkcja tych substancji chemicznych jest jednym z głównych mechanizmów patogenetycznych depresji. Zaburzenia w ich funkcjonowaniu mogą prowadzić do objawów depresyjnych, takich jak obniżony nastrój, brak motywacji czy trudności w koncentracji.

Serotonina

Serotonina jest jednym z głównych neuroprzekaźników zaangażowanych w regulację nastroju. Niskie poziomy serotoniny są często obserwowane u osób cierpiących na depresję. Działania terapeutyczne, takie jak stosowanie leków z grupy SSRI (selektywne inhibitory wychwytu zwrotnego serotoniny), mają na celu zwiększenie dostępności serotoniny w mózgu poprzez blokowanie jej wychwytu zwrotnego w synapsach. Chociaż SSRI są powszechnie stosowane i mają udokumentowaną skuteczność, ich działanie jest często powolne, a efekty terapeutyczne mogą być niewystarczające w przypadku niektórych pacjentów.

Noradrenalina

Noradrenalina (norepinefryna) jest neuroprzekaźnikiem, który odgrywa istotną rolę w regulacji reakcji na stres i w utrzymaniu stanu czuwania. Niedobór noradrenaliny może przyczyniać się do wystąpienia objawów depresyjnych, takich jak zmniejszona motywacja czy spowolnienie psychoruchowe. W leczeniu depresji stosowane są także leki, które zwiększają stężenie noradrenaliny, takie jak SNRI (serotonin-norepinephrine reuptake inhibitors), które działają na oba neuroprzekaźniki – serotoninę i noradrenalinę.

Dopamina

Dopamina jest kluczowym neuroprzekaźnikiem w układzie nagrody i motywacji. Zmniejszona aktywność dopaminergiczna w mózgu prowadzi do apatii, utraty zainteresowań oraz trudności w odczuwaniu przyjemności, co jest charakterystyczne dla depresji. Badania nad układem dopaminergicznym pokazują, że nie tylko serotonina i noradrenalina są zaangażowane w mechanizmy depresji, ale również dopamina ma istotny wpływ na rozwój i przebieg tego zaburzenia.

Interakcje między neuroprzekaźnikami

Nie tylko pojedyncze zmiany w poziomach tych neuroprzekaźników, ale także ich wzajemne interakcje, mają ogromne znaczenie w patogenezie depresji. Często obserwowane są zmiany w równowadze między serotoniną, noradrenaliną a dopaminą, które mogą prowadzić do powstawania objawów depresyjnych. Zrozumienie tych interakcji jest kluczowe dla opracowywania nowych terapii, które skutecznie będą modulować te systemy neuroprzekaźnikowe.

Stan zapalny

Coraz więcej badań wskazuje, że przewlekły stan zapalny może odgrywać istotną rolę w patogenezie depresji. Wzrost poziomu cytokin prozapalnych, takich jak interleukina-6 (IL-6), czynnik martwicy nowotworów alfa (TNF-α) i inne czynniki zapalne, jest często obecny u osób cierpiących na depresję. Przewlekły stan zapalny może prowadzić do zmian w mózgu, które zwiększają podatność na zaburzenia nastroju.

Mechanizmy zapalne w depresji

Zjawisko to zostało dokładnie zbadane przez Dr. Charlesa Raisona i innych naukowców, którzy sugerują, że przewlekły stan zapalny może wpływać na funkcjonowanie mózgu poprzez bezpośrednią interakcję z neuroprzekaźnikami, a także przez zmiany w strukturze mózgu. Cytokiny prozapalne mogą hamować syntezę serotoniny, dopaminy i noradrenaliny, co może prowadzić do rozwoju depresji. Zwiększenie poziomu tych cytokin w organizmach osób z depresją prowadzi do zmniejszenia zdolności do odczuwania przyjemności (anhedonia), co jest jednym z głównych objawów depresji.

Leki przeciwzapalne a depresja

Badania wskazują, że stosowanie leków przeciwzapalnych, takich jak niesteroidowe leki przeciwzapalne (NLPZ) lub leki immunosupresyjne, może przynieść pewne korzyści w leczeniu depresji u niektórych pacjentów. Choć wyniki badań są wciąż niejednoznaczne, istnieje potencjał do opracowania nowych terapii, które będą skutecznie adresować stan zapalny jako czynnik ryzyka depresji.

Plastyczność mózgu

Zdolność mózgu do adaptacji, zwana plastycznością mózgu, jest niezwykle ważna w kontekście leczenia depresji. Zmiany w strukturze mózgu, takie jak zmniejszenie objętości hipokampa, mogą wpływać na zdolność mózgu do reagowania na stres. Hipokamp, struktura odpowiedzialna za regulację pamięci, emocji i reakcji na stres, jest szczególnie wrażliwy na negatywne skutki przewlekłego stresu, który może prowadzić do jego zaników. Zmniejszenie objętości hipokampa jest często obserwowane u osób z depresją, co sugeruje, że nieprawidłowa plastyczność mózgu może być jednym z mechanizmów prowadzących do tego zaburzenia.

Zmniejszona plastyczność synaptyczna

Zmniejszenie plastyczności synaptycznej, czyli zdolności neuronów do tworzenia nowych połączeń, jest również związane z depresją. Przewlekły stres i zmiany w neuroprzekaźnikach mogą hamować procesy neurogenezy i neuroplastyczności, co utrudnia adaptację mózgu do zmieniających się warunków. Zmniejszenie plastyczności synaptycznej jest jednym z głównych mechanizmów, które sprawiają, że osoby cierpiące na depresję mają trudności w radzeniu sobie z trudnymi emocjami i sytuacjami życiowymi.

Rola psylocybiny w plastyczności mózgu

Coraz więcej badań wskazuje, że psylocybina, substancja psychoaktywna obecna w niektórych grzybach, może wspierać plastyczność synaptyczną i poprawiać zdolność mózgu do adaptacji. Badania przeprowadzone na Uniwersytecie Cambridge pokazują, że psylocybina ma potencjał w leczeniu depresji, ponieważ wspiera procesy neuroplastyczności, ułatwiając tworzenie nowych połączeń neuronalnych. Dzięki temu może pomóc w odbudowie funkcji mózgu, które zostały osłabione przez przewlekły stres i depresję.

Potencjał terapii psychodelicznych

Terapie psychodeliczne, takie jak te oparte na psylocybini, stają się coraz bardziej popularne jako alternatywna metoda leczenia depresji. Choć badania w tej dziedzinie są jeszcze w fazie eksperymentalnej, wyniki wskazują na obiecujący potencjał psylocybiny w leczeniu depresji, zwłaszcza u osób opornych na tradycyjne terapie. Wspieranie plastyczności mózgu może otworzyć nowe możliwości leczenia depresji, oferując pacjentom bardziej efektywne i długoterminowe rozwiązania.

Psychologiczne i społeczne przyczyny depresji

Depresja jest wynikiem złożonych interakcji różnych czynników, które mogą obejmować zarówno aspekty psychologiczne, jak i społeczne. Trauma, izolacja społeczna, problemy ekonomiczne i presja kulturowa odgrywają istotną rolę w rozwoju zaburzeń nastroju. W poniższym rozdziale przyjrzymy się, jak te czynniki wpływają na psychikę i zdrowie psychiczne jednostki.

Trauma i stres

Trauma jest jednym z głównych czynników ryzyka depresji, które mają długotrwały wpływ na jednostkę. Przeżycie traumatycznych wydarzeń, takich jak utrata bliskiej osoby, przemoc fizyczna i psychiczna, molestowanie czy wojna, może prowadzić do głębokich zmian w postrzeganiu świata i siebie. Trauma wpływa na funkcjonowanie zarówno umysłu, jak i ciała, co jest szeroko opisane przez Dr. Bessela van der Kolka w jego książce *The Body Keeps the Score*. Trauma powoduje zmiany w strukturach mózgu i funkcjonowaniu układu nerwowego, co może skutkować przewlekłym stresem, lękiem i depresją.

Dr van der Kolk wskazuje, że trauma nie tylko wpływa na psychikę, ale również powoduje zmiany w ciele, które mogą przejawiać się w postaci chronicznych dolegliwości fizycznych, takich jak bóle głowy, bóle pleców czy problemy z układem pokarmowym. Doświadczenie traumy może prowadzić do niemożności przetworzenia emocji, co sprawia, że osoba staje się bardziej podatna na depresję. Trauma może również wpływać na zdolność jednostki do regulowania emocji, co prowadzi do wycofania się i osamotnienia.

Izolacja społeczna

Izolacja społeczna to kolejny istotny czynnik ryzyka depresji. Osoby, które nie mają bliskich relacji z rodziną i przyjaciółmi, mogą doświadczyć poczucia osamotnienia, które sprzyja rozwojowi zaburzeń psychicznych, w tym depresji. Izolacja społeczna może wynikać z różnych powodów – od braku wsparcia emocjonalnego w trudnych chwilach, po całkowitą samotność w wyniku zrywania więzi z innymi ludźmi.

Badania przeprowadzone przez Harvard University wykazały, że osoby, które utrzymują silne więzi społeczne, są mniej narażone na rozwój depresji. Takie więzi mają pozytywny wpływ na zdrowie psychiczne, umożliwiając lepsze radzenie sobie ze stresem i przeciwdziałając negatywnym skutkom emocjonalnym. Z kolei osoby, które zmagają się z samotnością, mogą poczuć się mniej wartościowe, co w efekcie prowadzi do pogłębiania depresji.

Izolacja społeczna może wynikać z czynników zewnętrznych, jak np. trudności w nawiązywaniu relacji interpersonalnych, ale także z osobistych wyborów jednostki, takich jak unikanie kontaktów z innymi z powodu wstydu czy lęku. Długotrwała izolacja może prowadzić do poczucia odrzucenia, co potęguje stany depresyjne.

Społeczno-ekonomiczne czynniki

Społeczno-ekonomiczne czynniki mają duży wpływ na rozwój depresji. Brak stabilności finansowej, problemy z zatrudnieniem oraz nierówności społeczne mogą prowadzić do chronicznego stresu, który w efekcie prowadzi do problemów ze zdrowiem psychicznym. Osoby zmagające się z problemami finansowymi często odczuwają niepewność co do przyszłości, co pogłębia uczucie bezradności i beznadziei.

Z raportów Światowego Forum Ekonomicznego wynika, że kryzysy gospodarcze mają negatywny wpływ na zdrowie psychiczne społeczeństw. W okresach kryzysu gospodarczego, takich jak recesje czy wysokie wskaźniki bezrobocia, liczba przypadków depresji wzrasta. Brak dostępu do zasobów materialnych i usług zdrowotnych może sprawić, że osoby w trudnej sytuacji życiowej czują się wykluczone, co prowadzi do pogłębiania problemów psychicznych.

Problemy związane z zatrudnieniem, takie jak niestabilność zawodowa czy brak pracy, również mają negatywny wpływ na zdrowie psychiczne. Długotrwałe trudności finansowe mogą prowadzić do frustracji i poczucia bezsilności, a także do pogłębiania depresji, szczególnie u osób, które nie widzą perspektyw na poprawę swojej sytuacji.

Kultura i oczekiwania społeczne

Współczesne społeczeństwo charakteryzuje się wysokimi wymaganiami wobec jednostki, zarówno w sferze zawodowej, jak i osobistej. Presja na osiąganie sukcesów, perfekcjonizm oraz oczekiwania dotyczące wyglądu fizycznego mogą prowadzić do stresu i rozwoju depresji. Kult sukcesu, który promuje dążenie do perfekcji w każdym aspekcie życia, stawia jednostkę w trudnej sytuacji, w której nieustannie dąży się do nierealnych standardów.

Presja społeczna, zwłaszcza w kontekście mediów społecznościowych, prowadzi do porównań z innymi ludźmi, co może skutkować poczuciem niższości i brakiem akceptacji siebie. Współczesne media często przedstawiają wyidealizowany obraz życia, który staje się wzorem, do którego dąży się za wszelką cenę. Tego rodzaju porównania mogą prowadzić do obniżenia poczucia własnej wartości, co z kolei może prowadzić do depresji.

Również, w kontekście kulturowym, w wielu społeczeństwach istnieje silna tendencja do ukrywania słabości emocjonalnych i problemów psychicznych. Współczesna kultura nie sprzyja szukaniu pomocy, co prowadzi do tłumienia emocji i wycofania się z problemów. Tego rodzaju podejście może prowadzić do narastającego stresu, wypalenia i ostatecznie do depresji, ponieważ jednostka nie jest w stanie poradzić sobie z trudnościami w sposób zdrowy.

Trauma i stres: wpływ na zdrowie psychiczne

Podsumowując, psychologiczne i społeczne czynniki mają głęboki wpływ na rozwój depresji. Doświadczenie traumy, izolacja społeczna, trudności ekonomiczne oraz presja kulturowa w znacznym stopniu przyczyniają się do zaburzeń nastroju i depresji. Każdy z tych czynników może prowadzić do długotrwałego stresu i poczucia beznadziei, co sprzyja rozwojowi depresji.

Współczesne podejścia do zrozumienia depresji

Podejście holistyczne

Podejście holistyczne, które zyskuje na popularności w leczeniu depresji, zakłada, że człowiek to całość, w której umysł, ciało i duch są nierozerwalnie związane. W związku z tym, skuteczne leczenie depresji nie może opierać się wyłącznie na jednym aspekcie zdrowia, ale musi uwzględniać szeroką gamę działań wpływających na wszystkie sfery życia osoby cierpiącej na to zaburzenie. Podejście to nie tylko traktuje depresję jako stan patologiczny, który należy leczyć, ale dąży do przywrócenia wewnętrznej równowagi i harmonii, co może prowadzić do długoterminowej poprawy jakości życia pacjenta.

Zasadniczym celem terapii holistycznych jest integracja różnych metod terapeutycznych, które poprawiają zdrowie zarówno fizyczne, jak i psychiczne. W ramach takiego podejścia, coraz częściej włącza się takie techniki jak mindfulness, joga, medytacja oraz mikrodozowanie substancji psychodelicznych.

Mindfulness, znane również jako uważność, to metoda, która pozwala na osiągnięcie głębokiej koncentracji na teraźniejszym momencie. Jest to stan pełnej świadomości, w którym osoba aktywnie obserwuje swoje myśli i emocje, ale nie ocenia ich. Regularne praktykowanie mindfulness pomaga zmniejszyć poziom stresu, niepokoju i depresji, umożliwiając lepsze zarządzanie trudnymi emocjami. Badania pokazują, że technika ta pomaga w poprawie zdrowia psychicznego i emocjonalnego, a także w redukcji objawów depresji.

Z kolei joga, która łączy ćwiczenia fizyczne, techniki oddechowe oraz medytację, staje się coraz bardziej popularną metodą wspomagającą leczenie depresji. Dzięki regularnym ćwiczeniom, osoba praktykująca jogę zyskuje większą elastyczność ciała, ale także umiejętność odprężenia się i redukcji stresu. Dodatkowo, joga poprawia funkcjonowanie układu nerwowego, wspomagając balans neuroprzekaźników odpowiedzialnych za regulację nastroju.

Mikrodozowanie psylocybiny, choć nadal w fazie badań, staje się interesującą alternatywą w leczeniu depresji, szczególnie depresji opornej na tradycyjne leczenie farmakologiczne. Mikrodozowanie polega na stosowaniu minimalnych dawek psylocybiny, które nie wywołują halucynacji, ale mają działanie na poprawę nastroju, wzrost kreatywności oraz redukcję objawów depresyjnych. Badania wskazują, że psylocybina wpływa na plastyczność mózgu, wspomagając tworzenie nowych połączeń nerwowych, co może prowadzić do trwałej poprawy kondycji psychicznej pacjenta.

Nowe badania

Nowoczesne podejścia do leczenia depresji są silnie związane z wynikami nowatorskich badań, które ukazują nowe możliwości terapeutyczne. Przełomowe badania, takie jak te prowadzone przez naukowców z Johns Hopkins University, dowodzą, że psylocybina, w połączeniu z psychoterapią, może stanowić skuteczną alternatywę w leczeniu depresji opornej na standardowe terapie farmakologiczne. W szczególności badania te koncentrują się na osobach, które nie reagują na leki przeciwdepresyjne, oferując im możliwość skuteczniejszego leczenia.

W badaniach przeprowadzonych na Johns Hopkins University wykazano, że zastosowanie psylocybiny prowadzi do trwałej poprawy samopoczucia psychicznego pacjentów, a efekty utrzymują się przez kilka miesięcy po zakończeniu leczenia. W szczególności, psylocybina wykazuje potencjał w leczeniu depresji związanej z przewlekłymi stanami lękowymi, a także w przypadkach depresji z towarzyszącymi zaburzeniami traumy. Badania nad psylocybiną stały się jednym z najważniejszych punktów odniesienia w kontekście nowoczesnych terapii psychodelicznych.

Jednym z kluczowych aspektów badań nad psylocybiną jest jej działanie na plastyczność mózgu, które polega na wzmacnianiu zdolności mózgu do tworzenia nowych połączeń nerwowych. Zjawisko to jest szczególnie istotne w kontekście leczenia depresji, ponieważ pozwala na przełamanie utartych wzorców myślenia i emocji, które mogą pogłębiać stan depresyjny. Mikrodawki psylocybiny wykazują działanie na poprawę zdolności do myślenia elastycznego, co może wspierać pacjentów w przezwyciężeniu negatywnych schematów myślenia.

Badania prowadzone w Holandii dotyczące mikrodozowania psylocybiny pokazały, że regularne stosowanie minimalnych dawek tej substancji może poprawić funkcje poznawcze, a także zmniejszyć objawy depresji i lęku. Zjawisko to jest uważane za obiecującą metodę wspierania plastyczności mózgu, która może stanowić integralną część nowoczesnych terapii leczenia depresji.

Znaczenie edukacji

Edukacja na temat zdrowia psychicznego odgrywa kluczową rolę w walce z depresją, szczególnie w kontekście zmniejszania stygmatyzacji osób zmagających się z problemami psychicznymi. Współczesne podejście do depresji powinno uwzględniać szeroko zakrojone działania edukacyjne, które mają na celu zwiększenie świadomości na temat tego zaburzenia oraz sposobów jego leczenia. Zmniejszenie stygmatyzacji związanej z chorobami psychicznymi pozwala na łatwiejszy dostęp do pomocy i leczenia, a także sprzyja rozwojowi empatii i zrozumienia w społeczeństwie.

W szkołach edukacja na temat zdrowia psychicznego jest niezwykle istotna. Młodzież, która wchodzi w okres dorastania, narażona jest na wiele stresujących sytuacji, takich jak presja szkolna, relacje międzyludzkie i rozwój tożsamości. Programy edukacyjne, które uczą rozpoznawania objawów depresji oraz radzenia sobie ze stresem, mogą pomóc w wczesnym wykrywaniu problemów zdrowia psychicznego i zapobiegać ich eskalacji. Podobnie, w miejscach pracy edukacja na temat zdrowia psychicznego ma na celu zmniejszenie wpływu stresu zawodowego, który jest jednym z głównych czynników prowadzących do wypalenia zawodowego i depresji.

Społeczności lokalne także odgrywają istotną rolę w zmniejszaniu stygmatyzacji. Działania edukacyjne w postaci warsztatów, prelekcji i kampanii informacyjnych, które mają na celu uświadomienie społeczeństwa na temat zdrowia psychicznego, mogą pomóc w budowaniu bardziej otwartego i wspierającego środowiska. Przełamanie tabu wokół problemów zdrowia psychicznego jest niezbędne, aby osoby zmagające się z depresją czuły się bardziej komfortowo w szukaniu pomocy i wsparcia.

W tym kontekście, integracja edukacji o depresji i jej leczeniu w różnych obszarach życia społecznego – w szkołach, miejscach pracy i w ramach wspólnot lokalnych – staje się jednym z najważniejszych elementów zmiany postaw społecznych wobec chorób psychicznych.

Rozdział 2: Skąd bierze się depresja?

Biologiczne czynniki ryzyka

Zaburzenia równowagi neuroprzekaźników

Jednym z najważniejszych mechanizmów biologicznych, które prowadzą do depresji, jest zaburzenie równowagi neuroprzekaźników w mózgu. Neuroprzekaźniki, takie jak serotonina, dopamina i noradrenalina, odgrywają kluczową rolę w regulowaniu nastroju, emocji, apetytu, snu oraz reakcji na stres. Ich niedobór lub nadmiar może prowadzić do powstawania objawów depresyjnych.

Serotonina, znana również jako „hormon szczęścia", wpływa na regulację nastroju, a jej niski poziom jest silnie związany z depresją. Istnieją badania, które wskazują, że osoby z depresją mają obniżony poziom serotoniny w mózgu, co może tłumaczyć występowanie objawów, takich jak chroniczny smutek, apatia czy brak motywacji. Dopamina, z kolei, jest związana z systemem nagrody i motywacji. Jej niedobór może prowadzić do uczucia braku satysfakcji z wykonywanych działań oraz utraty zainteresowania dotychczasowymi pasjami i obowiązkami. Noradrenalina pełni rolę w reakcjach na stres, a jej niedobór może powodować uczucie wyczerpania, lęku oraz problemów ze snem.

Zaburzenia równowagi tych neuroprzekaźników są jednymi z głównych czynników ryzyka depresji. Współczesne terapie farmakologiczne, takie jak selektywne inhibitory zwrotnego wychwytu serotoniny (SSRI) czy inhibitory zwrotnego wychwytu noradrenaliny i serotoniny (SNRI), opierają się na regulowaniu poziomu tych neuroprzekaźników w celu złagodzenia objawów depresji.

Predyspozycje genetyczne

Depresja ma także silne podłoże genetyczne. Istnieje wiele badań, które wskazują, że osoby, których bliscy krewni cierpieli na depresję, są bardziej narażone na rozwój tego zaburzenia. Badania prowadzone przez Dr. Kennetha Kendlera wykazały, że osoby z historią depresji w rodzinie mają dwukrotnie wyższe ryzyko zachorowania niż osoby, które nie miały takich przypadków w rodzinie. Zidentyfikowano również konkretne geny, które mogą wpływać na podatność na depresję.

Jednym z takich genów jest SERT, który jest odpowiedzialny za transport serotoniny w mózgu. Polimorfizm tego genu, polegający na mutacjach w regionie odpowiedzialnym za wchłanianie serotoniny, może wpływać na poziom tego neuroprzekaźnika w mózgu i zwiększać ryzyko rozwoju depresji. Ponadto inne geny związane z układami dopaminergicznymi i noradrenergicznymi mogą również wpływać na podatność na depresję.

Badania genetyczne wciąż trwają, a ich wyniki mogą w przyszłości pozwolić na opracowanie bardziej spersonalizowanych terapii, które będą skuteczniejsze w leczeniu depresji.

Psychologiczne czynniki ryzyka

Trauma i stres

Doświadczenie traumy, zarówno w dzieciństwie, jak i w dorosłym życiu, może znacząco wpłynąć na rozwój depresji. Traumatyczne wydarzenia, takie jak utrata bliskiej osoby, przemoc, zaniedbanie emocjonalne czy chroniczny stres, mogą pozostawić trwałe ślady w psychice, zwiększając podatność na depresję w przyszłości. Dr. Judith Herman w swoich badaniach wskazuje, że trauma może prowadzić do zaburzeń regulacji emocji, w wyniku czego osoby, które doświadczyły traumatycznych przeżyć, mogą mieć trudności z kontrolowaniem swoich emocji i reagować na stres w sposób bardziej skrajny.

Trauma wpływa także na funkcjonowanie osi podwzgórze-przysadka-nadnercza (HPA), która jest odpowiedzialna za reakcje na stres. Przewlekły stres i trauma mogą prowadzić do zaburzeń w tej osi, co z kolei może prowadzić do zaburzeń hormonalnych, które są związane z depresją. Wysokie poziomy kortyzolu, hormonu stresu, są często obserwowane u osób cierpiących na depresję, a długotrwały stres może prowadzić do zmian w strukturze mózgu, takich jak zmniejszenie objętości hipokampa, który pełni rolę w regulacji emocji i pamięci.

Niskie poczucie własnej wartości

Osoby z niskim poczuciem własnej wartości są bardziej narażone na rozwój depresji. Wzorce myślowe, takie jak samokrytyka, oraz przekonania o własnej niekompetencji, braku wartości czy niezdolności do radzenia sobie z trudnościami mogą prowadzić do chronicznego poczucia beznadziejności, które jest jednym z kluczowych objawów depresji. Dr. Martin Seligman w swoich badaniach nad wyuczoną bezradnością wykazał, że osoby, które w dzieciństwie doświadczały braku kontroli nad sytuacjami, w których się znajdowały, częściej rozwijają negatywne przekonania o sobie i świecie.

Niskie poczucie własnej wartości często wiąże się z tendencją do idealizowania innych osób oraz porównywania się z nimi. W obliczu nierealistycznych oczekiwań i porównań, osoby z niską samooceną mogą poczuć się jeszcze bardziej nieadekwatne, co prowadzi do pogłębienia problemów emocjonalnych.

Społeczne i kulturowe aspekty

Presja społeczna

Współczesne społeczeństwo często nakłada na jednostki wysokie wymagania dotyczące sukcesu zawodowego, wyglądu, osiągnięć czy stylu życia. Presja związana z utrzymaniem odpowiedniego statusu społecznego i ekonomicznego może prowadzić do chronicznego stresu i wypalenia. Dodatkowo media społecznościowe, które kreują nierealistyczne wzorce piękna i sukcesu, mogą nasilać te presje, prowadząc do poczucia niezadowolenia z własnego życia. Porównania z innymi, które są powszechne w mediach społecznościowych, mogą prowadzić do obniżonego poczucia własnej wartości i zwiększać ryzyko depresji.

Samotność

Samotność jest jednym z głównych czynników sprzyjających depresji. Współczesne społeczeństwo charakteryzuje się wzrastającą izolacją społeczną, zwłaszcza w miastach, gdzie mimo dużej liczby ludzi, jednostki mogą czuć się osamotnione. Badania przeprowadzone przez Dr. Juliannę Holt-Lunstad wykazały, że samotność ma podobny wpływ na zdrowie fizyczne jak palenie 15 papierosów dziennie. Samotność wpływa negatywnie na zdrowie psychiczne, prowadząc do wzrostu ryzyka depresji, lęków i innych zaburzeń emocjonalnych.

Normy kulturowe

Normy kulturowe również mają wpływ na rozwój depresji. W kulturach o wysokim poziomie indywidualizmu, takich jak Stany Zjednoczone, depresja jest częstsza niż w kulturach kolektywistycznych. W kulturach indywidualistycznych nacisk kładzie się na samodzielność, osiąganie sukcesów jednostki i niezależność, co może prowadzić do poczucia osamotnienia i braku wsparcia społecznego. W kontrze do tego w kulturach kolektywistycznych większą wagę przykłada się do wspólnoty i wzajemnego wsparcia, co może działać ochronnie przed rozwojem depresji.

Wpływ stylu życia

Brak aktywności fizycznej

Regularna aktywność fizyczna jest jednym z najbardziej skutecznych sposobów zapobiegania i leczenia depresji. Badania przeprowadzone przez Harvard T.H. Chan School of Public Health wykazały, że codzienna aktywność fizyczna zmniejsza ryzyko depresji o około 26%. Aktywność fizyczna poprawia krążenie krwi, zwiększa poziom endorfin, które są naturalnymi „hormonami szczęścia", a także poprawia jakość snu i zmniejsza poziom stresu.

Brak aktywności fizycznej prowadzi do siedzącego trybu życia, który jest powiązany z licznymi problemami zdrowotnymi, w tym depresją. Osoby, które nie ćwiczą regularnie, częściej cierpią na zaburzenia nastroju, a ich odporność na stres jest znacznie niższa.

Dieta

Dieta odgrywa kluczową rolę w utrzymaniu zdrowia psychicznego. Niedobory składników odżywczych, takich jak kwasy tłuszczowe omega-3, witaminy z grupy B, magnez czy cynk, mogą wpływać na pogorszenie zdrowia psychicznego. Badania prowadzone w Holandii wskazują, że dieta śródziemnomorska, bogata w warzywa, owoce, orzechy, ryby i oliwę z oliwek, ma korzystny wpływ na zdrowie psychiczne i może stanowić istotny element w leczeniu depresji.

Sen

Zaburzenia snu, takie jak bezsenność, nieregularny sen czy nadmierna senność, są zarówno objawem, jak i czynnikiem ryzyka depresji. Badania przeprowadzone przez National Sleep Foundation wskazują, że poprawa jakości snu może znacząco zredukować objawy depresji i poprawić ogólne samopoczucie. Osoby cierpiące na depresję często mają trudności ze snem, co pogłębia ich problemy emocjonalne.

Badania naukowe: odkrycia z USA, Holandii i Polski

USA

Badania przeprowadzone przez Johns Hopkins University nad psylocybiną wykazały, że substancja ta może znacząco zmniejszyć objawy depresji opornej na leczenie. Terapie oparte na mikrodozowaniu psylocybiny, które stają się coraz bardziej popularne, wykazują obiecujące wyniki w leczeniu depresji, szczególnie w przypadkach, gdzie tradycyjne metody farmakologiczne zawiodły.

Holandia

W Holandii legalne mikrodozowanie psylocybiny staje się popularnym narzędziem wspomagającym leczenie depresji. Badania przeprowadzone w tym kraju wskazują na poprawę funkcji poznawczych oraz zmniejszenie objawów depresyjnych u osób uczestniczących w terapii opartej na mikrodozowaniu tej substancji.

Polska

W Polsce badania prowadzone przez Instytut Psychiatrii i Neurologii w Warszawie koncentrują się na związku między stanem zapalnym a depresją. Wyniki pokazują, że interwencje dietetyczne, zmiana stylu życia, a także terapie psychologiczne mogą być skutecznym wsparciem w leczeniu depresji, w tym także w kontekście zmniejszania stanów zapalnych w organizmie.

Rozdział 3: Objawy depresji

Depresja to jedno z najczęstszych zaburzeń psychicznych, które może mieć znaczący wpływ na jakość życia. Często manifestuje się w postaci różnorodnych objawów emocjonalnych, fizycznych i behawioralnych, które mogą występować w różnym nasileniu. Zrozumienie tych objawów jest kluczowe zarówno dla osób cierpiących na depresję, jak i dla ich bliskich, by mogli skutecznie reagować na wczesne symptomy tej choroby.

Emocjonalne objawy

Emocjonalne objawy depresji są podstawą w diagnozowaniu zaburzenia. Mogą one przybierać formę chronicznego smutku, apatii, beznadziejności, a także poczucia winy czy wstydu. Są one ściśle związane z funkcjonowaniem układów neurochemicznych mózgu, zwłaszcza serotoniny i dopaminy, które odgrywają kluczową rolę w regulowaniu nastroju i emocji.

Smutek i apatia

Smutek jest jednym z najbardziej rozpoznawalnych objawów depresji. Jednak w depresji nie chodzi jedynie o chwilowy smutek wynikający z konkretnych sytuacji życiowych, ale o trwałe, głębokie poczucie żalu, które utrzymuje się mimo braku oczywistych powodów. Osoby cierpiące na depresję mogą czuć się smutne przez długi czas, nawet jeśli ich życie nie doświadczyło żadnych istotnych zmian. To uczucie może przytłaczać każdego dnia i stanowić barierę w wykonywaniu podstawowych czynności.

Apatia, czyli brak zainteresowania czynnościami, które wcześniej sprawiały przyjemność, jest kolejnym charakterystycznym objawem depresji. Osoby, które wcześniej były pełne energii i entuzjazmu, mogą nagle stracić motywację do aktywności, które niegdyś były im bliskie, takich jak hobby czy spędzanie czasu z rodziną i przyjaciółmi.

Badania nad smutkiem i apatią

Badania przeprowadzone przez National Institute of Mental Health (NIMH) wykazały, że około 80% pacjentów z depresją zgłasza chroniczny smutek jako główny objaw. Warto dodać, że smutek nie jest tylko negatywnym stanem emocjonalnym – może on prowadzić do dalszych trudności w funkcjonowaniu. Z kolei apatia, którą doświadczają osoby z depresją, jest wynikiem zaburzeń w obszarze kory przedczołowej mózgu, która odpowiada za podejmowanie decyzji, planowanie i odczuwanie satysfakcji.

Poczucie beznadziejności

Poczucie beznadziejności jest jednym z najbardziej destrukcyjnych emocjonalnych objawów depresji. Osoby cierpiące na depresję często postrzegają przyszłość jako ciemną i bez perspektyw. Wiele osób z depresją nie widzi sensu w życiu i nie wierzy, że ich sytuacja może się poprawić. To przekonanie o braku nadziei może prowadzić do głębokich myśli samobójczych, które stanowią poważne zagrożenie.

Światowa Organizacja Zdrowia (WHO) wskazuje, że depresja jest główną przyczyną samobójstw, które rocznie pochłaniają życie około 700 000 osób na całym świecie. Przekonanie o beznadziejności w depresji jest wynikiem długotrwałego stresu, który wpływa na równowagę chemiczną w mózgu, zmieniając sposób postrzegania rzeczywistości.

Poczucie winy i wstydu

Poczucie winy jest częstym objawem depresji, nawet gdy osoba nie zrobiła nic złego. Cierpiący na depresję mogą obwiniać siebie za różne aspekty swojego życia, co prowadzi do intensywnego wstydu. Może to przybierać formę myśli, że „jestem nieudacznikiem" lub „wszyscy wokół mnie są lepsi". To poczucie winy bywa tak silne, że może prowadzić do samoizolacji i unikania kontaktów z bliskimi, co tylko pogłębia stan depresyjny.

Fizyczne objawy

Fizyczne objawy depresji są często mniej zauważalne niż emocjonalne, ale mają równie istotny wpływ na życie chorego. Objawy somatyczne mogą obejmować zaburzenia snu, chroniczne zmęczenie, bóle ciała, a także zaburzenia żołądkowo-jelitowe. Zaburzenia fizyczne w depresji są wynikiem złożonych interakcji pomiędzy układami nerwowym i hormonalnym.

Zaburzenia snu

Problemy ze snem są jednym z najbardziej powszechnych fizycznych objawów depresji. Bezsenność lub nadmierna senność (hipersomnia) mogą występować jako część zaburzeń w funkcjonowaniu układu serotoninergicznego, który reguluje rytmy snu i czuwania. Bezsenność prowadzi do chronicznego zmęczenia, które pogłębia depresję, podczas gdy hipersomnia może wskazywać na próbę ucieczki od rzeczywistości poprzez długie godziny spędzane w łóżku.

Badania opublikowane w czasopiśmie „Sleep Medicine" wykazały, że poprawa jakości snu u osób z depresją może prowadzić do zmniejszenia objawów choroby nawet o 50%. Przeciwdziałanie zaburzeniom snu może być jednym z kluczowych elementów skutecznego leczenia depresji.

Zmęczenie i brak energii

Chroniczne zmęczenie, które nie ustępuje po odpoczynku, jest częstym objawem depresji. Osoby cierpiące na depresję często opisują uczucie „ciężkich nóg" i niemożność podjęcia jakiejkolwiek aktywności, nawet jeśli nie mają innych fizycznych dolegliwości. Zmęczenie związane jest z zaburzeniami w osi podwzgórze-przysadka-nadnercza (HPA), która reguluje produkcję kortyzolu – hormonu stresu. W wyniku tych zaburzeń poziom energii pacjenta znacząco spada.

Bóle somatyczne

Osoby cierpiące na depresję mogą doświadczać szeregu dolegliwości somatycznych, takich jak bóle głowy, pleców, stawów, a także problemy żołądkowe. Badania przeprowadzone przez Harvard Medical School wskazują, że około 60% pacjentów z depresją doświadcza tego rodzaju objawów fizycznych. Często są one mylone z innymi problemami zdrowotnymi, co może utrudniać postawienie właściwej diagnozy.

Behawioralne objawy depresji

Depresja to poważne zaburzenie psychiczne, które wpływa nie tylko na samopoczucie emocjonalne osoby, ale również na jej zachowanie. W tym kontekście zmiany w zachowaniach pacjenta mogą stanowić jeden z kluczowych wskaźników nasilenia depresji. Objawy behawioralne obejmują zarówno aktywność fizyczną, jak i społeczną, oraz zdolność do podejmowania codziennych czynności.

Izolacja społeczna

Izolacja społeczna jest jednym z najbardziej charakterystycznych objawów depresji. Osoby cierpiące na to zaburzenie często unikają kontaktów z rodziną, przyjaciółmi oraz współpracownikami. To odizolowanie się od innych wynika najczęściej z pogłębiającego się poczucia beznadziei i lęku, które towarzyszy depresji. Często osoby depresyjne zaczynają unikać wszelkich interakcji, ponieważ każda próba rozmowy, spotkania lub uczestniczenia w wydarzeniach społecznych wiąże się z poczuciem trudności i wyczerpania. Izolowanie się od innych ludzi może stanowić mechanizm obronny, który pozwala uniknąć emocjonalnego bólu związanego z relacjami, a także poczucia wstydu lub niezrozumienia. Niestety, wycofanie się z życia społecznego często pogłębia samotność i izolację, co może nasilać objawy depresji i utrudniać proces leczenia.

Brak motywacji

Brak motywacji jest jednym z najczęstszych objawów depresji, który wpływa na codzienne funkcjonowanie osoby. Z powodu zaburzeń w układzie dopaminergicznym, który reguluje procesy motywacyjne, osoby z depresją często czują się przytłoczone codziennymi obowiązkami i niezdolne do ich wykonania. Codzienne czynności, które wcześniej sprawiały przyjemność, stają się wyzwaniem. Może to obejmować zarówno zawodowe obowiązki, jak i prywatne zadania, takie jak sprzątanie, gotowanie, czy dbanie o zdrowie. Zmniejszenie chęci do podejmowania działań może prowadzić do nieproduktywności i braku satysfakcji z życia, co z kolei pogłębia poczucie bezwartościowości i frustracji.

Zaniedbanie obowiązków

Zaniedbanie obowiązków jest typowym objawem depresji, który może dotyczyć zarówno sfery osobistej, jak i zawodowej. Osoby cierpiące na depresję często przestają dbać o siebie, swoje zdrowie, higienę osobistą, a także porządek wokół siebie. Przestają angażować się w obowiązki domowe, takie jak gotowanie czy sprzątanie, co może prowadzić do chaosu w życiu codziennym. Ponadto, mogą zaniedbywać swoje zobowiązania zawodowe, co negatywnie wpływa na ich sytuację finansową i zawodową. Takie zaniedbanie obowiązków nie tylko pogarsza stan emocjonalny, ale także staje się źródłem dodatkowego stresu i niepokoju. Osoby z depresją mogą także zaniedbywać swoje relacje rodzinne, co prowadzi do dalszej izolacji społecznej.

Diagnoza depresji

Wczesna diagnoza depresji jest niezwykle ważna, ponieważ umożliwia podjęcie skutecznego leczenia, które może pomóc pacjentowi wrócić do normalnego funkcjonowania. Skuteczna diagnoza polega na dokładnym rozpoznaniu objawów depresji oraz ich wpływu na życie pacjenta. Diagnoza powinna być oparta na szerokim wywiadzie psychologicznym, ocenie nasilenia objawów oraz ocenie funkcjonowania pacjenta w różnych obszarach życia.

Jak rozpoznać objawy u siebie lub bliskich?

Rozpoznanie depresji u siebie lub bliskich może być trudne, ponieważ początkowe objawy depresji są często mylone z chwilowym złym samopoczuciem, które każdy z nas od czasu do czasu odczuwa. Ważne jest jednak, aby zwrócić uwagę na zmiany, które utrzymują się przez dłuższy czas (co najmniej dwa tygodnie) i mają negatywny wpływ na codzienne życie. Warto obserwować zmniejszenie energii, utratę zainteresowania dawnymi pasjami, a także uczucie przygnębienia, smutku lub pustki. Osoby z depresją mogą również doświadczać trudności w koncentracji, zaburzeń snu i apetytu, a także ogólnego poczucia beznadziei. Warto także zwrócić uwagę na zmiany w zachowaniu, takie jak wycofanie się z aktywności społecznych czy zaniedbanie obowiązków.

Kryteria diagnostyczne wg ICD-10 i DSM-5

W diagnostyce depresji stosuje się dwa główne systemy klasyfikacyjne: ICD-10 (Międzynarodowa Klasyfikacja Chorób, 10. edycja) oraz DSM-5 (Podręcznik Diagnostyczny i Statystyczny Zaburzeń Psychicznych, 5. edycja). W obu tych systemach depresja jest diagnozowana na podstawie kombinacji objawów emocjonalnych, behawioralnych i fizycznych.

ICD-10 określa, że depresja jest diagnozowana, gdy pacjent wykazuje co najmniej dwa główne objawy (np. obniżenie nastroju, utrata zainteresowań) oraz dwa objawy dodatkowe (np. zaburzenia snu, zmniejszenie energii). W przypadku **DSM-5**, oprócz podobnych objawów, stosuje się również ocenę funkcjonowania pacjenta, zwracając uwagę na wpływ depresji na życie społeczne, zawodowe i inne codzienne czynności. Oba systemy diagnostyczne wymagają, aby objawy utrzymywały się przez co najmniej dwa tygodnie.

Rola specjalistów

Diagnoza depresji powinna być postawiona przez wykwalifikowanego specjalistę, takiego jak psycholog lub psychiatra. Specjaliści ci posiadają odpowiednie narzędzia diagnostyczne, takie jak kwestionariusze oceny nasilenia objawów depresji (np. kwestionariusz Becka, GAD-7), które pomagają ocenić stan pacjenta. Ważne jest, aby diagnoza była przeprowadzona przez osobę z odpowiednim wykształceniem i doświadczeniem, ponieważ nieprawidłowe rozpoznanie może prowadzić do błędów w leczeniu. Ponadto, specjaliści mogą także przeprowadzić wywiad psychologiczny, aby zrozumieć kontekst życia pacjenta i jego doświadczeń, co pozwala na lepsze dostosowanie terapii.

Znaczenie wczesnej diagnozy

Wczesne rozpoznanie depresji ma ogromne znaczenie dla skuteczności leczenia. Wczesna interwencja pozwala na zastosowanie odpowiednich metod terapeutycznych, takich jak psychoterapia, leczenie farmakologiczne (np. antydepresanty) czy nowoczesne metody, takie jak mikrodozowanie psylocybiny. Wczesne rozpoczęcie leczenia może znacząco poprawić jakość życia pacjenta, zmniejszając ryzyko przewlekłej depresji i jej dalszych komplikacji, takich jak rozwój zaburzeń lękowych, uzależnienia czy problemy zdrowotne. Interwencje w początkowych stadiach choroby mogą również pomóc w szybszym powrocie do normalnego funkcjonowania, zarówno zawodowego, jak i społecznego.

Rozdział 4: Podejście holistyczne do depresji

Co to jest podejście holistyczne?

Podejście holistyczne w leczeniu depresji jest podejściem, które traktuje osobę jako całość, uwzględniając różne wymiary jej funkcjonowania – fizyczny, psychiczny, emocjonalny i duchowy. W odróżnieniu od tradycyjnych metod leczenia, które skupiają się na izolowanych aspektach choroby, podejście holistyczne zakłada, że zdrowie i dobrostan człowieka zależą od równowagi i integracji wszystkich tych sfer. Depresja w tym kontekście nie jest tylko problemem umysłowym czy emocjonalnym, ale wynika z kompleksowej interakcji różnych czynników, takich jak genetyka, styl życia, doświadczenia życiowe, a także stan fizyczny i duchowy osoby.

Zatem podejście holistyczne obejmuje różne strategie leczenia, które nie koncentrują się wyłącznie na jednym aspekcie depresji, ale obejmują szeroką gamę interwencji, które pomagają przywrócić równowagę w ciele i umyśle pacjenta. Holistyczne podejście uznaje, że depresja może wynikać z wielu źródeł, takich jak problemy emocjonalne, stres, zmiany w chemii mózgu, zaburzenia hormonalne, a także z niedoboru ważnych substancji odżywczych. Leczenie depresji w tym ujęciu ma na celu zatem nie tylko eliminowanie objawów, ale również identyfikowanie i leczenie przyczyn, które mogą leżeć u podstaw tego stanu.

Dzięki temu holistyczne podejście do depresji jest bardziej kompleksowe i uwzględnia różne aspekty życia pacjenta, co zwiększa szanse na skuteczne i trwałe leczenie. W ramach tego podejścia pacjent nie jest traktowany jako jednostkowy przypadek, ale jako złożona całość, której potrzeby są zróżnicowane i obejmują szereg obszarów.

Znaczenie równowagi: Jak zrozumienie depresji jako wielowymiarowego problemu pomaga w leczeniu?

Rozumienie depresji jako wielowymiarowego problemu pozwala na bardziej efektywne leczenie, które nie ogranicza się do jednej sfery życia pacjenta. Depresja jest wynikiem wielu czynników, które współdziałają ze sobą, w tym genetycznych predyspozycji, przeżyć traumatycznych, niezdrowego stylu życia, zaburzeń chemicznych w mózgu, a także problemów emocjonalnych i społecznych. Kiedy depresja jest postrzegana jako wynik interakcji tych różnych czynników, leczenie staje się bardziej zróżnicowane i kompleksowe.

Holistyczne podejście do depresji opiera się na przekonaniu, że przywrócenie równowagi w różnych sferach życia pacjenta jest kluczowe dla skutecznego leczenia. Oznacza to, że leczenie powinno obejmować nie tylko terapię psychologiczną i farmakologiczną, ale również zmiany w stylu życia, takie jak poprawa jakości snu, zmiana diety, wprowadzenie aktywności fizycznej oraz technik redukcji stresu. Poprzez identyfikację i leczenie przyczyn depresji na różnych poziomach – emocjonalnym, fizycznym i duchowym – można nie tylko złagodzić objawy, ale także zapobiec nawrotom depresji w przyszłości.

Równowaga między umysłem, ciałem i duchem jest zatem podstawą skutecznego leczenia depresji. Działania mające na celu poprawę jakości snu, zrównoważoną dietę, regularną aktywność fizyczną i techniki relaksacyjne mogą przyczynić się do poprawy stanu psychicznego pacjenta. Oprócz tego, ważne jest, aby wspierać pacjenta w odbudowie poczucia sensu życia, co ma fundamentalne znaczenie w leczeniu depresji.

Przykłady podejść holistycznych

W leczeniu depresji podejście holistyczne obejmuje różne metody, które wspierają równowagę ciała, umysłu i ducha. W ramach tego podejścia pacjent jest traktowany całościowo, a leczenie dostosowane jest do indywidualnych potrzeb i specyficznych okoliczności danej osoby. Poniżej przedstawiamy różne podejścia, które stanowią elementy holistycznego leczenia depresji.

Terapie naturalne

Ziołolecznictwo

Ziołolecznictwo jest jednym z najstarszych i najbardziej popularnych sposobów wspomagania leczenia depresji w ramach podejścia holistycznego. Rośliny takie jak dziurawiec, ashwagandha, czy maca są stosowane od wieków w leczeniu stanów depresyjnych. Dziurawiec, znany ze swoich właściwości przeciwdepresyjnych, działa poprzez zwiększanie poziomu serotoniny w mózgu, co ma na celu poprawę nastroju. Zioła takie jak ashwagandha mają działanie adaptogenne, pomagając organizmowi radzić sobie ze stresem i zmniejszając objawy lękowe.

Aromaterapia

Aromaterapia to kolejna technika, która może wspomóc leczenie depresji. Wykorzystuje się w niej olejki eteryczne, które wpływają na nasz nastrój i samopoczucie. Olejek lawendowy, ylang-ylang, czy bergamotowy mają właściwości uspokajające i antystresowe, co może pomóc w redukcji napięcia i lęku. Aromaterapia działa poprzez stymulację układu limbicznego, który ma wpływ na nasze emocje i zachowanie. Regularne stosowanie olejków eterycznych może poprawić samopoczucie i wpłynąć na redukcję objawów depresji.

Akupunktura

Akupunktura jest starożytną metodą medycyny chińskiej, która polega na stymulowaniu określonych punktów na ciele w celu przywrócenia równowagi energetycznej. W przypadku depresji, akupunktura może pomóc w redukcji objawów stresu, niepokoju i zmiany nastroju. Istnieją badania wskazujące, że akupunktura może poprawić funkcjonowanie układu nerwowego, zmniejszyć napięcie i pomóc w poprawie jakości snu, co jest szczególnie ważne w leczeniu depresji.

Wspieranie zdrowego stylu życia

Dieta

Dieta ma kluczowe znaczenie w leczeniu depresji w ramach podejścia holistycznego. Zrównoważona dieta, bogata w witaminy, minerały, białka, kwasy tłuszczowe omega-3, oraz inne niezbędne składniki odżywcze, jest niezbędna do utrzymania równowagi chemii mózgu. Niedobór witaminy D, magnezu czy cynku może prowadzić do pogorszenia nastroju, dlatego w leczeniu depresji bardzo ważne jest, aby dieta była odpowiednio zbilansowana. Dieta powinna wspierać równowagę neuroprzekaźników w mózgu, co może przyczynić się do poprawy zdrowia psychicznego.

Aktywność fizyczna

Regularna aktywność fizyczna ma wiele korzyści zdrowotnych, w tym psychicznych. Ćwiczenia fizyczne pomagają uwalniać endorfiny, które działają jako naturalne antydepresanty. Ponadto, aktywność fizyczna poprawia funkcjonowanie układu sercowo-naczyniowego, zmniejsza napięcie i stres, a także poprawia jakość snu, co jest szczególnie ważne w leczeniu depresji. Regularne ćwiczenia pomagają także w poprawie ogólnego samopoczucia, dając pacjentowi poczucie kontroli nad swoim życiem.

Sen

Sen odgrywa kluczową rolę w leczeniu depresji. Zaburzenia snu, takie jak bezsenność czy nadmierna senność, są częstym objawem depresji, a ich obecność może pogłębiać objawy depresyjne. Regularny, jakościowy sen jest niezbędny do utrzymania zdrowia psychicznego i fizycznego. Poprawa jakości snu, poprzez stosowanie rutyny przed snem, eliminację kofeiny i alkoholu, czy wprowadzenie technik relaksacyjnych, takich jak medytacja czy głębokie oddychanie, może przyczynić się do zmniejszenia objawów depresji.

Wsparcie duchowe

Medytacja i mindfulness

Medytacja jest jedną z najstarszych i najbardziej skutecznych technik radzenia sobie ze stresem i negatywnymi emocjami. Medytacja, a szczególnie praktyka mindfulness, czyli uważności, pozwala skupić się na chwili obecnej, co pomaga w obniżeniu poziomu stresu i niepokoju. Regularne praktykowanie medytacji pozwala na wyciszenie umysłu, co może pomóc w leczeniu depresji, zmniejszając nasilenie negatywnych myśli i emocji.

Joga

Joga łączy elementy fizyczne z duchowymi, umożliwiając relaksację ciała oraz umysłu. Jest to technika, która poprawia równowagę emocjonalną i pomaga w redukcji stresu, napięcia i lęku. Ćwiczenia jogi są skutecznym narzędziem w walce z depresją, ponieważ pomagają rozluźnić ciało, poprawić elastyczność i siłę, a także przywrócić równowagę emocjonalną.

Wsparcie społeczne

Wsparcie społeczne jest kluczowym elementem w leczeniu depresji. Ludzie, którzy mają silne sieci wsparcia, takie jak rodzina, przyjaciele, czy grupy wsparcia, łatwiej radzą sobie z objawami depresji. Izolacja społeczna może prowadzić do pogłębiania objawów depresji, dlatego wsparcie emocjonalne ze strony bliskich osób jest niezwykle ważne. Pomoc, zrozumienie i poczucie przynależności do grupy społecznej mogą znacząco przyspieszyć proces zdrowienia.

Rozdział 5: Jak radzić sobie z depresją?

Codzienne praktyki

Medytacja i uważność

Medytacja i uważność to praktyki, które zyskały ogromną popularność w ostatnich latach dzięki ich licznych korzyściach zdrowotnym, w tym także w walce z depresją. Medytacja, będąca techniką polegającą na skupieniu uwagi na jednym punkcie, takim jak oddech czy dźwięk, pomaga w redukcji stresu i napięcia. W kontekście depresji jest to szczególnie istotne, ponieważ depresja często prowadzi do nagromadzenia negatywnych myśli, które wciąż powracają i utrzymują nas w stanie emocjonalnego zamknięcia.

Medytacja umożliwia oderwanie się od tych myśli, dając przestrzeń na zaobserwowanie ich z dystansem. Dzięki tej praktyce jesteśmy w stanie zauważyć, jak nasze myśli, emocje i reakcje fizyczne wpływają na nasze samopoczucie, a to pozwala nam świadomie reagować, zamiast ulegać natychmiastowym impulsom. Długotrwałe efekty regularnej medytacji obejmują zmniejszenie poziomu kortyzolu, hormonu stresu, który jest jednym z głównych czynników wpływających na rozwój i nasilenie depresji.

Uważność, z kolei, jest bardziej złożonym podejściem. Oznacza pełną koncentrację na teraźniejszości i na bieżącym doświadczeniu. Ćwiczenia mindfulness, takie jak świadome jedzenie, chodzenie czy oddychanie, pozwalają na głębsze zrozumienie swoich reakcji na bodźce zewnętrzne i wewnętrzne, co może prowadzić do lepszego zarządzania stresem i emocjami.

Regularne praktykowanie mindfulness pozwala na zwiększenie odporności psychicznej i jest skuteczne w łagodzeniu objawów depresyjnych.

Badania naukowe podkreślają, że regularne praktykowanie medytacji wpływa na struktury mózgu odpowiedzialne za regulację emocji, a także zmniejsza aktywność w obszarach związanych z odczuwaniem lęku. Efektem tych zmian jest większa stabilność emocjonalna, lepsze zarządzanie stresem oraz pozytywny wpływ na ogólne samopoczucie. Co więcej, medytacja jest metodą dostępną dla każdego, nie wymagającą specjalistycznych urządzeń czy umiejętności, co czyni ją jednym z najprostszym, ale bardzo skutecznym narzędziem w codziennej walce z depresją.

Ćwiczenia fizyczne

Równie istotnym elementem w leczeniu depresji są ćwiczenia fizyczne. Regularna aktywność fizyczna ma udowodniony wpływ na zdrowie psychiczne, działając nie tylko na ciało, ale i na umysł. Podczas wysiłku fizycznego organizm wytwarza endorfiny, czyli hormony szczęścia, które poprawiają nastrój i zmniejszają odczuwanie bólu. Z tego względu, ćwiczenia fizyczne stanowią naturalną formę terapii w przypadku depresji.

Aktywność fizyczna wpływa na poprawę funkcjonowania mózgu, zwiększa przepływ krwi, a tym samym poprawia dostarczanie tlenu do komórek mózgowych, co wspiera zdrowie psychiczne. Joga, będąca połączeniem ćwiczeń, oddechu i medytacji, może stanowić szczególnie skuteczną formę terapii, zwłaszcza w przypadku depresji, ponieważ redukuje napięcie zarówno fizyczne, jak i psychiczne. Wzmacnia ciało, poprawia elastyczność, a jednocześnie pozwala na głębsze połączenie z umysłem.

Spacerowanie na świeżym powietrzu, szczególnie w otoczeniu natury, również stanowi formę aktywności, która nie tylko poprawia kondycję fizyczną, ale ma także korzystny wpływ na stan emocjonalny. Wiele badań wskazuje, że regularne spacery na świeżym powietrzu poprawiają nastrój, zmniejszają objawy depresji i lęku, a także zwiększają ogólną odporność na stres. Warto zaznaczyć, że ćwiczenia fizyczne, oprócz poprawy zdrowia psychicznego, mają również wpływ na jakość snu, który w przypadku depresji często bywa zaburzony.

Ruch na świeżym powietrzu, niezależnie od tego, czy chodzi o jogę, spacer czy inne formy aktywności, ma szereg korzyści, w tym także poprawę poziomu energii, co jest niezwykle istotne dla osób borykających się z chronicznym zmęczeniem, które często towarzyszy depresji. Regularne ćwiczenia mogą także zmniejszać stany zapalne w organizmie, które są związane z przewlekłym stresem i depresją, a także wspierać zdolność organizmu do walki z negatywnymi skutkami tych stanów.

Wsparcie społeczne

Jak otoczenie wpływa na proces zdrowienia?

Otoczenie ma ogromny wpływ na proces zdrowienia z depresji. Należy zwrócić uwagę na to, jak istotne jest posiadanie wsparcia ze strony bliskich osób, które mogą stanowić fundament w trudnych momentach. Osoby dotknięte depresją często czują się osamotnione i wyizolowane, a obecność innych, którzy rozumieją ich sytuację, może działać terapeutycznie. Otwarte relacje i empatyczne wsparcie mogą przyspieszyć proces zdrowienia.

Badania pokazują, że osoby, które mają dostęp do wsparcia społecznego, rzadziej doświadczają powrotu objawów depresji. Przynależność do grupy wsparcia, np. grupy osób borykających się z podobnymi trudnościami, może stanowić ważną część leczenia. W takich grupach pacjenci mają okazję dzielić się swoimi doświadczeniami i emocjami, co daje poczucie zrozumienia i akceptacji. Tego typu wsparcie pomaga w wyjściu z depresji, ponieważ osoby dotknięte tym schorzeniem mogą czuć, że nie są same w swoim cierpieniu.

Należy jednak pamiętać, że wsparcie społeczne nie zawsze jest równoznaczne z pełnym leczeniem. W przypadku toksycznych relacji, w których występuje krytyka, oskarżenia lub brak zrozumienia, wsparcie to może prowadzić do pogłębiania się objawów depresji. Warto więc starać się unikać takich relacji i otaczać się ludźmi, którzy dają poczucie bezpieczeństwa i wsparcia emocjonalnego.

Budowanie relacji i otwieranie się na pomoc

Otwarcie się na pomoc innych jest jednym z najważniejszych kroków w leczeniu depresji. Choć osoby cierpiące na depresję często czują się niezrozumiane i nie potrafią poprosić o pomoc, jest to absolutnie kluczowe. Właśnie w momentach kryzysowych nie należy zamykać się na innych, ale szukać wsparcia w bliskich osobach czy specjalistach.

Nie można traktować przyjmowania pomocy jako oznaki słabości – wręcz przeciwnie, jest to dowód na siłę i odwagę. Korzystanie z pomocy terapeutów, psychologów czy psychiatrów stanowi ważny element procesu zdrowienia. Takie profesjonalne wsparcie jest fundamentalne, szczególnie w przypadkach, gdzie samodzielna walka z depresją może nie przynieść pożądanych rezultatów. Otwierając się na pomoc, pacjent zaczyna odzyskiwać poczucie kontroli nad swoim życiem, co jest kluczowe w procesie leczenia.

Praca nad emocjami

Techniki zarządzania stresem

Stres jest jednym z głównych czynników, które przyczyniają się do rozwoju depresji. Warto zatem nauczyć się skutecznych technik zarządzania stresem, które pomogą w kontrolowaniu negatywnych emocji. Techniki oddechowe są jedną z najbardziej efektywnych metod. Dzięki głębokiemu oddychaniu aktywujemy system parasympatyczny, który uspokaja organizm, redukuje napięcie i poprawia samopoczucie.

Medytacja i joga to kolejne techniki, które pozwalają na zarządzanie stresem. Praktyki te pomagają w synchronizacji ciała i umysłu, co prowadzi do lepszego radzenia sobie z napięciem i lękiem. Pisanie dziennika to kolejna metoda, która pomaga uwolnić emocje i zrozumieć, co dokładnie wywołuje stres. Pisanie o swoich uczuciach może działać terapeutycznie, pozwalając na przetworzenie negatywnych emocji w sposób konstruktywny.

Kreatywne formy wyrażania siebie, takie jak malowanie, rysowanie czy śpiew, mogą stanowić formę terapii, ponieważ pomagają w rozładowaniu emocji i przełamaniu wewnętrznych barier. Kluczowe jest to, aby znaleźć technikę, która najlepiej odpowiada naszym indywidualnym potrzebom i preferencjom.

Terapia poznawczo-behawioralna (CBT)

Terapia poznawczo-behawioralna (CBT) to jeden z najskuteczniejszych i najczęściej stosowanych sposobów leczenia depresji. CBT opiera się na założeniu, że nasze myśli mają kluczowy wpływ na nasze emocje i zachowania. Dlatego celem terapii jest zidentyfikowanie negatywnych wzorców myślowych, które prowadzą do depresji, i ich modyfikacja.

Podstawowym celem terapii poznawczo-behawioralnej jest nauczenie pacjenta, jak rozpoznawać i zmieniać swoje negatywne myśli oraz wprowadzać konstruktywne strategie radzenia sobie z problemami. Jest to proces stopniowy, w którym pacjent zaczyna rozumieć, jak myśli wpływają na jego emocje, a następnie uczy się, jak te myśli przekształcać na bardziej pozytywne i wspierające.

Terapia CBT jest skuteczna, ponieważ opiera się na aktywnej współpracy między pacjentem a terapeutą. Pacjent nie tylko analizuje swoje myśli, ale także podejmuje działania mające na celu zmianę swojego zachowania, co przyczynia się do poprawy samopoczucia i zmniejszenia objawów depresji.

Niezbędne sesje psychologiczne

Sesje psychologiczne, prowadzone przez doświadczonych psychologów klinicznych, stanowią podstawowy element procesu leczenia depresji. Psychologowie kliniczni, dzięki swojej wiedzy i doświadczeniu, potrafią skutecznie diagnozować, oceniać oraz prowadzić terapie dostosowane do indywidualnych potrzeb pacjenta. Tego typu profesjonalne wsparcie jest nieocenione w procesie zdrowienia, ponieważ pozwala na indywidualne podejście do problemów, które leżą u podstaw depresji.

Rodzaje sesji psychologicznych

Terapia indywidualna

Terapia indywidualna jest jednym z najbardziej skutecznych narzędzi w leczeniu depresji. Polega na spotkaniach pacjenta z psychologiem, podczas których omawiane są trudności emocjonalne oraz opracowywane strategie radzenia sobie z negatywnymi emocjami i myślami. Terapia indywidualna daje możliwość głębokiego zrozumienia własnych problemów i emocji.

Terapia integratywna

Terapia integratywna łączy różne podejścia terapeutyczne, dostosowując je do specyficznych potrzeb pacjenta. Dzięki temu terapeuta może korzystać z różnych metod, takich jak CBT, psychodynamiczna, humanistyczna czy systemowa, by uzyskać jak najlepsze efekty w leczeniu depresji.

Rola psychologa klinicznego w leczeniu depresji

Psychologowie kliniczni odgrywają kluczową rolę w leczeniu depresji, ponieważ dzięki swojej wiedzy i doświadczeniu potrafią skutecznie diagnozować oraz dobierać odpowiednie metody terapeutyczne. Współpraca z psychologiem klinicznym jest niezbędna w procesie zdrowienia, ponieważ pomaga pacjentowi zrozumieć swoje problemy emocjonalne, zmieniać negatywne myśli i wprowadzać pozytywne zmiany w swoim życiu.

Rozdział 6: Naturalne metody leczenia depresji

Depresja jest jednym z najczęściej występujących zaburzeń psychicznych, a tradycyjne metody leczenia, takie jak farmakoterapia i psychoterapia, choć skuteczne, nie zawsze przynoszą oczekiwane rezultaty. Z tego powodu coraz więcej osób poszukuje alternatywnych sposobów leczenia depresji, które mogą wspomagać tradycyjne terapie lub stanowić ich uzupełnienie. W tym rozdziale przyjrzymy się kilku naturalnym metodom leczenia depresji: ziołolecznictwu, mikrodozowaniu psylocybiny oraz aromaterapii.

Ziołolecznictwo

Zioła od wieków były wykorzystywane w leczeniu różnych dolegliwości, w tym zaburzeń psychicznych takich jak depresja. Współczesne badania naukowe potwierdzają, że niektóre rośliny mogą pozytywnie wpływać na zdrowie psychiczne, pomagając łagodzić objawy depresji i poprawiając ogólne samopoczucie.

Dziurawiec (Hypericum perforatum)

Dziurawiec jest jednym z najczęściej stosowanych ziół w leczeniu depresji, szczególnie w przypadkach depresji łagodnej i umiarkowanej. Zawiera substancje aktywne, takie jak hiperforyna i hypercyna, które wykazują działanie przeciwdepresyjne, wpływając na poziom serotoniny, dopaminy i noradrenaliny w mózgu. Badania naukowe potwierdzają skuteczność dziurawca w leczeniu depresji, wskazując na jego zdolność do poprawy nastroju i redukcji objawów.

Badania: Badanie przeprowadzone przez European Medicines Agency wykazało, że dziurawiec może być skuteczny w leczeniu łagodnej i umiarkowanej depresji, przynosząc korzyści pacjentom, którzy nie reagowali na leczenie farmakologiczne. Z kolei przegląd badań opublikowany w "Journal of Affective Disorders" wskazał, że dziurawiec jest równie skuteczny jak leki przeciwdepresyjne w walce z depresją, działając na mechanizmy neurochemiczne związane z emocjami.

Ashwagandha (Withania somnifera)

Ashwagandha, znana również jako indyjski żeń-szeń, jest adaptogenem, który pomaga organizmowi radzić sobie ze stresem. Jest także uznawana za skuteczny środek w leczeniu depresji i lęków, działając na poziom kortyzolu – hormonu stresu. Ashwagandha poprawia równowagę hormonalną, co może przynieść korzyści w walce z depresją, poprzez regulację poziomu hormonów, które mają kluczowe znaczenie w emocjonalnym reagowaniu na stres.

Badania: Badanie opublikowane w "Indian Journal of Psychological Medicine" wykazało, że suplementacja ashwagandhą przez 60 dni znacznie zmniejszyła objawy depresji i lęku u pacjentów, poprawiając jakość życia. Dodatkowo, w badaniach z 2019 roku stwierdzono, że ashwagandha poprawia równowagę hormonalną, co prowadzi do poprawy nastroju, a także wspiera funkcjonowanie układu nerwowego, redukując poziom stresu.

Korzeń maca (Lepidium meyenii)

Korzeń maca, pochodzący z Andów, ma działanie adaptogenne i stymulujące. Pomaga w poprawie nastroju i redukcji objawów depresji, zwłaszcza u osób, które odczuwają zmęczenie lub wyczerpanie. Maca wspomaga równowagę hormonalną, co ma wpływ na zdrowie psychiczne, poprzez regulację poziomu hormonów takich jak estrogen czy testosteron, które mogą wpływać na nastrój i samopoczucie.

Badania: Badania opublikowane w "Evidence-Based Complementary and Alternative Medicine" wskazują, że suplementacja korzeniem maca poprawia nastrój i zmniejsza objawy depresji u osób z zaburzeniami nastroju, szczególnie u kobiet w okresie menopauzy. W badaniach na zwierzętach korzeń maca wykazał działanie przeciwdepresyjne, przyczyniając się do wzrostu poziomu serotoniny, co sugeruje jego pozytywne działanie na układ nerwowy.

Melisa (Melissa officinalis)

Melisa, znana z właściwości uspokajających, jest stosowana w leczeniu lęków, stresu oraz depresji. Pomaga w poprawie jakości snu, co jest szczególnie istotne w leczeniu depresji. Działa łagodząco na napięcie nerwowe, co może przyczynić się do poprawy nastroju, a także zmniejszenia objawów lękowych, które często współwystępują z depresją.

Badania: Badanie opublikowane w "Phytotherapy Research" wykazało, że melisa zmniejszała objawy depresji i lęku u pacjentów, wpływając na redukcję poziomu kortyzolu i wspomagając relaksację. Dodatkowo, stosowanie melisy poprawiało jakość snu, co może być kluczowe w procesie leczenia depresji, gdzie problemy ze snem są często współwystępującym objawem.

Mikrodozowanie psylocybiny

Mikrodozowanie psylocybiny to praktyka stosowania bardzo małych dawek tej substancji w celu poprawy zdrowia psychicznego, koncentracji, kreatywności i ogólnego samopoczucia. Zamiast wywoływać halucynacje, mikrodozowanie ma na celu subtelną poprawę funkcji umysłowych i emocjonalnych. Choć psylocybina jest znana ze swoich właściwości psychodelicznych, mikrodozowanie pozwala na osiąganie pozytywnych efektów, takich jak poprawa nastroju i redukcja objawów depresji, bez wyraźnych efektów halucynogennych. Mikrodozowanie psylocybiny stało się popularną metodą leczenia depresji, zwłaszcza w krajach takich jak USA czy Holandia, gdzie przeprowadzono szereg badań na temat skuteczności tej metody w leczeniu zaburzeń nastroju.

Czym jest mikrodozowanie?

Mikrodozowanie polega na przyjmowaniu bardzo małych dawek psylocybiny (zwykle 0,1–0,3 grama), które nie wywołują halucynacji, ale mogą wpływać na poprawę koncentracji, kreatywności, nastroju i ogólnego samopoczucia. Regularne stosowanie małych dawek może przynieść długoterminowe korzyści, poprawiając zdrowie psychiczne i pomagając w walce z depresją. Mikrodozowanie jest zwykle praktykowane co kilka dni, aby zminimalizować możliwość tolerancji na substancję, co może zmniejszyć jej skuteczność.

Badania nad psylocybiny w leczeniu depresji

W 2020 roku badania przeprowadzone przez Johns Hopkins University wykazały, że psylocybina może być skuteczną metodą leczenia depresji, szczególnie w przypadkach opornych na leczenie farmakologiczne. Podobnie badania w Holandii wykazały, że mikrodozowanie psylocybiny może pomóc w łagodzeniu objawów depresji i lęku, poprawiając nastrój oraz zdolność do radzenia sobie ze stresem. Mikrodozowanie psylocybiny było również badane w kontekście poprawy kreatywności i zdolności do rozwiązywania problemów, co ma wpływ na poprawę jakości życia i samopoczucia.

Badania: Badanie opublikowane przez Johns Hopkins University w 2020 roku stwierdziło, że psylocybina przynosi ulgę osobom z depresją, poprawiając ich samopoczucie na dłuższy okres czasu. Badania w Holandii wykazały, że osoby stosujące mikrodozowanie psylocybiny zauważyły poprawę koncentracji, nastroju i zdolności do radzenia sobie z emocjami, bez wyraźnych efektów psychodelicznych.

Praktyczne wskazówki dotyczące mikrodozowania

Dawka: Zwykle zaczyna się od bardzo małych dawek (0,1–0,3 grama), które nie wywołują halucynacji, ale mogą wpłynąć na poprawę nastroju i funkcji umysłowych. Regularne przyjmowanie mikrodawek jest kluczowe dla uzyskania pożądanych efektów.

Częstotliwość: Mikrodozowanie zazwyczaj odbywa się co 3–4 dni, aby dać organizmowi czas na regenerację i uniknąć uzależnienia od substancji. Użytkownicy często stosują cykle, w których mikrodozowanie trwa przez kilka dni, a następnie robią przerwę.

Bezpieczeństwo: Przed rozpoczęciem mikrodozowania warto skonsultować się z lekarzem, zwłaszcza jeśli pacjent ma historię problemów zdrowotnych lub stosuje inne leki. Mikrodozowanie psylocybiny powinno być przeprowadzane ostrożnie, szczególnie w przypadku osób z chorobami psychicznymi lub w trakcie leczenia farmakologicznego.

Obserwacja efektów: Regularne monitorowanie samopoczucia pozwala na dostosowanie dawkowania oraz częstotliwości stosowania psylocybiny. Warto zapisywać codzienne doświadczenia, aby zobaczyć, jak mikrodozowanie wpływa na nastrój, poziom energii i zdolność do radzenia sobie ze stresem.

Legalność: Należy upewnić się, że mikrodozowanie psylocybiny jest legalne w danym kraju, ponieważ przepisy prawne w tej kwestii różnią się w zależności od regionu. W wielu krajach psylocybina jest substancją kontrolowaną, a jej stosowanie w celach terapeutycznych może być zabronione.

Aromaterapia

Aromaterapia, wykorzystująca olejki eteryczne, jest kolejną naturalną metodą wspomagającą leczenie depresji. Dzięki swoim właściwościom uspokajającym, relaksującym i przeciwdepresyjnym, olejki eteryczne mogą wspierać leczenie depresji, zmniejszać objawy lęku i poprawiać ogólne samopoczucie. Olejki stosowane są poprzez inhalacje, masaże lub kąpiele, wpływając na układ limbiczny, który jest odpowiedzialny za emocje, nastrój i pamięć.

Olejki eteryczne wspierające relaksację i poprawę nastroju:

- **Olejek lawendowy:** Działa uspokajająco i poprawia jakość snu, co ma duże znaczenie w leczeniu depresji, ponieważ zaburzenia snu są jednym z głównych objawów tego schorzenia.

- **Olejek z drzewa różanego:** Pomaga w poprawie nastroju i redukcji emocjonalnego wypalenia, co jest częstym objawem depresji.

- **Olejek z róży damasceńskiej:** Ma działanie przeciwdepresyjne, poprawiając samopoczucie, łagodząc napięcie emocjonalne i zmniejszając objawy stresu.

- **Olejek bergamotowy:** Wykazuje właściwości przeciwlękowe, poprawiając nastrój i zmniejszając napięcie, co jest pomocne w leczeniu depresji z objawami lęku.

Badania: Badanie opublikowane w "Journal of Clinical Psychology" wykazało, że aromaterapia z użyciem olejków eterycznych może być skuteczna w łagodzeniu objawów depresji i lęku. Kolejne badanie przeprowadzone przez "Frontiers in Psychology" sugeruje, że olejek lawendowy działa przeciwdepresyjnie, poprawiając nastrój u osób cierpiących na zaburzenia lękowe. Aromaterapia może stanowić doskonałe uzupełnienie tradycyjnych metod leczenia depresji, wspierając pacjentów w ich drodze ku zdrowiu psychicznemu.

Rozdział 7: Przypadki sukcesu: Historie osób, które pokonały depresję

Historie z życia wzięte

Wielu ludzi borykających się z depresją nie wierzy, że kiedykolwiek mogą wyjść z tego stanu. Często czują się zagubieni w ciemności, jakby ich życie zostało zamknięte w nieprzeniknionym tunelu, z którego nie ma wyjścia. Jednak są osoby, które pokonały depresję, korzystając z holistycznego podejścia do zdrowia. Oto kilka inspirujących historii osób z Polski, USA i Holandii, które przeszły przez cierpienie i dziś dzielą się swoją drogą do zdrowia.

Polska: Kasia – Nowa droga w terapii i samopomocy

Kasia, trzydziestokilkuletnia kobieta z Warszawy, przez wiele lat zmagała się z głęboką depresją. Jej życie pełne było niepowodzeń zawodowych, problemów rodzinnych i poczucia, że nie ma sensu walczyć o przyszłość. Kasia miała poczucie, że utknęła w martwym punkcie, a każda próba znalezienia sensu była jak walka z wiatrakami. Mimo wielu prób leczenia, jej depresja nie ustępowała. Zaczęła korzystać z klasycznych terapii farmakologicznych i psychoterapii, ale poczuła, że to nie wystarcza, by poprawić jej stan psychiczny. Czuła się coraz bardziej wyczerpana i zniechęcona, gdy po wielu próbach i niepowodzeniach, poczuła, że nie może polegać wyłącznie na konwencjonalnym leczeniu.

Pewnego dnia, przeszukując internet w poszukiwaniu alternatywnych metod, Kasia trafiła na warsztaty z zakresu mindfulness, które okazały się punktem zwrotnym. Zaintrygowana tematyką uważności i jej wpływem na umysł, postanowiła wziąć udział w kursie. Zajęcia, które skupiały się na technikach relaksacyjnych i medytacji, stanowiły dla niej zupełnie nową jakość w terapii. Dzięki codziennej praktyce zaczęła dostrzegać zmiany w sposobie, w jaki reagowała na codzienne stresory i negatywne emocje.

Kasia zaczęła również łączyć mindfulness z psychoterapią. Psychoterapeuci pomagali jej zrozumieć głębsze przyczyny jej depresji, podczas gdy techniki uważności pozwalały na stopniowe wyciszanie wewnętrznego chaosu. Z czasem zaczęła lepiej rozumieć siebie, swoje emocje i potrzeby, a także otworzyła się na bardziej holistyczne podejście do zdrowia. Zajęła się także zdrowym stylem życia – zaczęła regularnie ćwiczyć, zmieniła dietę, a także zadbała o odpowiednią ilość snu.

Oprócz fizycznych zmian w stylu życia, Kasia zaczęła również budować silniejszą więź z samą sobą. Zaczęła dostrzegać, że jest odpowiedzialna za swoje samopoczucie, a jednocześnie zrozumiała, że nie jest to droga, którą musi przejść sama. Współpraca z terapeutami oraz wsparcie bliskich osób stały się dla niej nieocenioną pomocą. Dziś, po kilku latach ciężkiej pracy nad sobą, Kasia jest wolna od depresji i pomaga innym w pokonywaniu trudności psychicznych. Dzięki własnym doświadczeniom stała się nauczycielką mindfulness, prowadząc warsztaty i sesje terapeutyczne, by wspierać innych w ich drodze do zdrowia psychicznego.

USA: David – Odkrywanie równowagi ciała i umysłu

David, mieszkaniec Nowego Jorku, miał 40 lat, gdy po wielu latach walki z depresją postanowił sięgnąć po alternatywne metody leczenia. Jego depresja była głęboka i miała swoje korzenie w traumatycznych przeżyciach z przeszłości. Zaczynał od terapii psychodynamicznej, której celem było dotarcie do nieświadomych przyczyn jego stanów emocjonalnych. Chociaż terapia pomagała mu na poziomie intelektualnym, czuł, że jego depresja jest głębsza niż to, co mógłby wyleczyć tylko rozmową. Zdecydował się na terapię psychodeliczną, która w USA zyskuje coraz większą popularność, szczególnie w kontekście leczenia trudnych stanów emocjonalnych, jak depresja czy lęki.

David skorzystał z terapii z użyciem psylocybiny, substancji psychodelicznej, która w odpowiednich warunkach terapeutycznych ma potencjał do wywołania głębokich doświadczeń introspekcyjnych. Podczas jednej z sesji, po zażyciu psylocybiny, przeżył intensywne wewnętrzne doświadczenie, które pomogło mu spojrzeć na siebie z zupełnie nowej perspektywy. Zrozumiał, jakie mechanizmy rządzą jego emocjami i jak negatywne schematy myślowe utrzymują go w stanie depresji. To, co wydarzyło się podczas tej terapii, pozwoliło mu wyjść z utartych kolein i otworzyć się na bardziej zrównoważony sposób życia.

David zdecydował się na połączenie psychoterapii psychodelicznej z jogą, medytacją oraz prowadzeniem dziennika emocji. Regularne praktykowanie jogi pomagało mu uwalniać napięcia z ciała, a medytacja wspomagała w osiąganiu równowagi emocjonalnej. Praca z dziennikiem emocji z kolei umożliwiała refleksję nad przeżyciami i emocjami, co wspierało proces leczenia.

David dostrzegł, że depresja to nie tylko problem mentalny, ale i fizyczny – zatem ważne było, aby dbać o ciało, jak i umysł. Z czasem, gdy połączył te wszystkie elementy, poczuł, że znajduje się w stanie wewnętrznej równowagi, który wcześniej był dla niego nieosiągalny. Dziś David jest aktywnym promotorem terapii psychodelicznych oraz holistycznego podejścia do zdrowia psychicznego. Regularnie dzieli się swoimi doświadczeniami i uczy innych, jak łączyć tradycyjne metody leczenia z alternatywnymi terapiami, które mogą stanowić skuteczną pomoc w walce z depresją.

Holandia: Sophie – Podróż ku samorealizacji

Sophie to 29-letnia kobieta z Amsterdamu, która przez wiele lat żyła w cieniu depresji. Czuła się zagubiona i nie miała poczucia sensu, mimo że jej życie z pozoru było pełne. Miała wykształcenie, stabilną pracę i wsparcie najbliższych, ale depresja zdominowała jej życie. Po latach leczenia farmakologicznego i psychoterapii, które dawały jej chwilową ulgę, ale nie rozwiązywały głębszych problemów, Sophie zdecydowała się na głębszą introspekcję. Zaczęła poszukiwać bardziej holistycznego podejścia do swojego zdrowia psychicznego.

Po pewnym czasie, Sophie natrafiła na grupę wsparcia opartą na filozofii holistycznej, która łączyła elementy psychoterapii humanistycznej z praktykami duchowymi. Grupa ta stała się dla niej inspiracją do dalszej pracy nad sobą. Z pomocą innych członków grupy, Sophie zaczęła stawiać na samoakceptację, ucząc się, jak być w zgodzie z własnymi emocjami. Wspólne sesje oraz rozmowy z osobami, które przechodziły podobne trudności, pomogły jej zrozumieć, że depresja nie musi być końcem, a raczej etapem, który można przezwyciężyć.

Sophie, czując coraz większą harmonię wewnętrzną, zaczęła angażować się w wolontariat, który stał się dla niej ważnym źródłem sensu. Pomagając innym, zaczęła dostrzegać, jak wiele radości może płynąć z dawania, co z kolei wzmocniło jej poczucie własnej wartości. Jej podróż ku samorealizacji polegała na łączeniu pracy nad sobą z działaniem na rzecz innych, co pomogło jej przezwyciężyć depresję. Sophie nauczyła się żyć w zgodzie ze sobą, stawiając na równowagę ciała, umysłu i ducha.

Lekcje płynące z ich doświadczeń

Nadzieja na zdrowienie

Wszystkie te historie pokazują, że nawet w najciemniejszych chwilach można znaleźć nadzieję na zdrowienie. Choć droga do wyjścia z depresji bywa długa i trudna, nigdy nie należy tracić nadziei. Osoby, które podjęły decyzję o walce z depresją, pokazują, że jest możliwa zmiana, a proces zdrowienia to nie tylko wyzdrowienie z objawów, ale także głęboka transformacja osobista. Każda z tych osób przeszła przez trudne doświadczenia, ale dzięki determinacji i otwartości na różnorodne metody leczenia udało im się znaleźć drogę ku pełniejszemu życiu.

Znaczenie wytrwałości i otwartości na różne metody

Każdy z bohaterów tych historii korzystał z różnych metod leczenia – od psychoterapii, przez medytację, po psychodeliczne doświadczenia. To, co je łączy, to otwartość na różne podejścia i nieustanne poszukiwanie najlepszej drogi do zdrowia. Ważne jest, by nie zamykać się na jeden sposób leczenia, ale być gotowym do wypróbowania różnych metod, które mogą pomóc w procesie leczenia depresji. Wytrwałość i odwaga, by podejmować próby, są kluczowe w tej trudnej drodze.

Znaczenie wsparcia społecznego

Wszystkie te osoby wskazują na ogromne znaczenie wsparcia ze strony innych. Grupy wsparcia, terapie grupowe czy relacje z bliskimi mogą stanowić fundament w procesie zdrowienia. Choć samodzielna praca nad sobą jest ważna, to właśnie obecność innych osób, które przeżywają podobne trudności, może okazać się kluczowa w procesie pokonywania depresji.

Rozdział 8: Jak znaleźć własną drogę do zdrowia?

Indywidualne podejście:

Każdy z nas jest inny, co sprawia, że nasze potrzeby zdrowotne również się różnią. Jedno z fundamentalnych założeń współczesnego podejścia do zdrowia psychicznego to przekonanie, że nie ma uniwersalnego rozwiązania, które będzie odpowiednie dla wszystkich. Wiele osób szuka metody leczenia, która będzie najlepiej odpowiadała ich indywidualnej sytuacji, a to, co działa dla jednej osoby, może być zupełnie nieskuteczne dla innej. To dlatego tak ważne jest, aby eksperymentować z różnymi metodami, technikami i terapiami, by znaleźć tę, która najlepiej działa na naszą psychikę.

Podejście to nie oznacza jednak przypadkowego działania, ale świadome poszukiwanie. Często nie zdajemy sobie sprawy, jak wiele różnych dróg do zdrowia psychicznego mamy do wyboru. Być może dla jednej osoby pomocne będą sesje terapeutyczne, podczas gdy dla innej bardziej skuteczna okaże się medytacja, czy też praca z ciałem, jak joga lub inne formy aktywności fizycznej. Istnieje także cały wachlarz możliwości związanych z tzw. terapiami alternatywnymi, które wciąż budzą pewne kontrowersje, ale są coraz bardziej akceptowane w medycynie, takie jak psychodeliki czy psylocybina.

Zrozumienie swoich emocji, lęków i blokad wewnętrznych może znacząco pomóc w doborze odpowiedniej metody. Proces odkrywania siebie jest jednym z najważniejszych kroków w zdrowieniu. Dlatego właśnie osoby, które potrafią zaakceptować swoje trudności emocjonalne i są gotowe je przepracować, łatwiej znajdują skuteczne drogi do uzdrowienia.

Jednym z bardziej kontrowersyjnych, ale i obiecujących obszarów w leczeniu problemów psychicznych jest zastosowanie psylocybiny – substancji psychoaktywnej, która w ostatnich latach zyskała popularność w badaniach nad leczeniem depresji, lęków, a także w terapii traumy. Działanie psylocybiny, choć nieoczywiste i różne u różnych osób, wskazuje na to, jak indywidualne doświadczenia mogą prowadzić do głębokich wglądów. Jednakże, nie każdy reaguje w ten sam sposób na tego typu substancje. Dla niektórych osób może to być przełomowe doświadczenie, które pomaga zrozumieć własne blokady i lęki, podczas gdy inni nie doświadczają żadnych pozytywnych efektów. Daje to kolejny dowód na to, jak ważne jest podejście indywidualne i dobór odpowiednich narzędzi.

Tworzenie planu zdrowienia:

Zaczynając drogę ku zdrowiu psychicznemu, kluczowym elementem jest stworzenie planu zdrowienia. Może to być plan ogólny, z konkretnymi celami, ale także elastyczny, by można było dostosować go do zmieniających się potrzeb. Proces ten jest bardziej długofalowy niż krótkoterminowy projekt, więc wymaga zarówno wytrwałości, jak i umiejętności dostosowywania się do warunków i sytuacji. Zbudowanie takiego planu może pomóc w radzeniu sobie z trudnymi momentami, które każdy napotka na swojej drodze do zdrowia psychicznego.

Zdefiniowanie celów

Pierwszym krokiem w tworzeniu planu zdrowienia jest określenie celów. Co chcemy osiągnąć? Może to być poprawa nastroju, obniżenie poziomu lęku, lepsza samoocena czy większa odporność na stres. Cele te powinny być realistyczne i dostosowane do aktualnej sytuacji. Każdy z nas może mieć inne cele – dla jednej osoby będzie to poprawa jakości życia poprzez zmniejszenie lęku, dla innej może to być lepsze radzenie sobie z codziennymi wyzwaniami. Ważne jest, by cele były sprecyzowane i mierzalne. Pomaga to w monitorowaniu postępów oraz daje poczucie, że idziemy w dobrym kierunku.

Wybór metod

Po zdefiniowaniu celów warto zastanowić się, jakie techniki i metody chcemy wypróbować, aby osiągnąć zamierzony rezultat. Może to obejmować różne podejścia: psychoterapię, techniki relaksacyjne, medytację, zmianę diety, regularną aktywność fizyczną, techniki oddechowe czy psychodeliczne terapie. Na tym etapie warto eksperymentować, próbować różnych metod i obserwować, co działa najlepiej. Często jest tak, że jeden rodzaj terapii czy podejścia jest skuteczniejszy na początku, a inny zyskuje na znaczeniu w późniejszych etapach procesu zdrowienia.

Przykładem może być integracja psylocybiny do leczenia depresji czy innych zaburzeń psychicznych. W takim przypadku warto zacząć od konsultacji z terapeutą specjalizującym się w tego typu terapiach, by dowiedzieć się, jak najlepiej włączyć takie doświadczenia do ogólnego planu zdrowienia. Jednak nie każda metoda jest odpowiednia dla każdego, dlatego ważne jest, by być świadomym, że czasami trzeba będzie zmieniać podejście, jeśli obecna droga nie przynosi oczekiwanych rezultatów.

Tworzenie planu

Kiedy już zdecydujemy, jakie techniki chcemy wypróbować, warto stworzyć plan działania. Codzienna rutyna ma ogromne znaczenie w procesie zdrowienia. Może obejmować różnorodne czynności – poranne medytacje, wieczorne spacery, czytanie książek rozwojowych, uczestniczenie w grupach wsparcia, czy też regularne spotkania z terapeutą. Rutyna daje poczucie kontroli, co jest niezwykle ważne w procesie leczenia. Czasami najtrudniejsze jest właśnie poczucie, że nie mamy kontroli nad sytuacją, w której się znajdujemy. Dlatego tak ważne jest stworzenie harmonogramu, który pomoże odbudować tę kontrolę i stabilność.

Monitorowanie postępów

Kluczowym aspektem w procesie zdrowienia jest regularne monitorowanie postępów. Należy śledzić swoje myśli, emocje i reakcje na różne metody terapeutyczne. Pomaga to ocenić, co działa, a co wymaga modyfikacji. Warto prowadzić dziennik, w którym zapiszemy swoje wrażenia, obawy oraz zauważone zmiany w naszym samopoczuciu. Może to pomóc w uświadomieniu sobie, co rzeczywiście wpływa na nasze zdrowie psychiczne i co wymaga dalszego eksperymentowania.

Dostosowanie planu

Pamiętajmy, że proces zdrowienia to coś dynamicznego – nie jest to jednorazowe wydarzenie, lecz długa podróż. Dlatego tak ważne jest, aby być elastycznym i gotowym do modyfikacji swojego planu. Jeśli jakaś metoda nie przynosi oczekiwanych rezultatów, warto spróbować czegoś innego. Może to oznaczać wypróbowanie innych form terapii, zmiana diety, aktywności fizycznej, czy wprowadzenie nowych technik oddechowych. Czasami zmiana drogi jest najlepszym rozwiązaniem. Najważniejsze jest, by nie zniechęcać się i być gotowym na dalsze poszukiwania.

Znaczenie cierpliwości:

Zrozumienie, że zdrowie psychiczne to proces, a nie cel do osiągnięcia, jest kluczowe w dążeniu do pełni zdrowia. Cierpliwość jest niezbędna, ponieważ proces zdrowienia wymaga czasu. Współczesna kultura często promuje natychmiastowe efekty – szukamy szybkich rozwiązań, które pozwolą nam "naprawić" nasze problemy. Jednak zdrowie psychiczne nie jest czymś, co można naprawić w krótkim czasie. To długotrwała podróż, która nie zawsze prowadzi po linii prostej.

Cierpliwość w tym kontekście oznacza również zdolność do akceptacji trudnych emocji. W trakcie zdrowienia napotkamy trudne chwile – lęk, smutek, frustrację czy złość. Cierpliwość to zdolność do przyjęcia tych emocji bez ich oceniania. Warto nauczyć się pozwalać sobie na odczuwanie tych emocji, zamiast starać się je od razu "naprawić". Akceptacja siebie w trudnych momentach może przyspieszyć proces zdrowienia, pozwalając na pełniejsze przeżywanie swoich emocji, co z kolei prowadzi do głębszego uzdrowienia.

Z perspektywy psychologii, cierpliwość to także umiejętność "bycia tu i teraz", zaakceptowania obecnego stanu i nie oczekiwania natychmiastowej ulgi. Zamiast skupiać się na szybkim osiągnięciu celu, warto cieszyć się z każdego kroku, który robimy, nawet jeśli jest to mały postęp. Tylko dzięki takiemu

podejściu możemy osiągnąć pełną wewnętrzną harmonię i
zdrowie.

Czas, który poświęcamy na pielęgnowanie swojego zdrowia
psychicznego, to czas inwestycji w siebie. Cierpliwość pozwala
dostrzec wartość procesu, który prowadzi nas ku pełni zdrowia, nie
oczekując natychmiastowych rezultatów. To droga, która wymaga
od nas nie tylko wytrwałości, ale również otwartości na zmiany i
elastyczności w reagowaniu na wyzwania.

Rozdział 9: Rola nauki i przyszłość leczenia depresji

Depresja to jedno z największych wyzwań zdrowia psychicznego współczesnych społeczeństw. Choć tradycyjne metody leczenia, takie jak farmakoterapia i psychoterapia, pozostają dominującymi formami terapii, coraz więcej osób poszukuje alternatywnych metod leczenia. Przełomowe badania i nowe odkrycia naukowe dostarczają nadziei na rozwiązania, które mogą zrewolucjonizować podejście do depresji. Ostatnie lata obfitowały w ważne odkrycia, które mogą zmienić sposób, w jaki postrzegamy leczenie tego trudnego zaburzenia.

Największe odkrycia ostatnich lat

W ciągu ostatnich kilku lat wiele badań koncentrowało się na odkrywaniu nowych możliwości leczenia depresji, szczególnie w kontekście naturalnych substancji i alternatywnych metod terapeutycznych. Oprócz powszechnie stosowanych leków przeciwdepresyjnych, naukowcy zwrócili uwagę na psychodeliczne substancje, które od lat były badane w kontekście leczenia problemów zdrowia psychicznego. Psylocybina, zawarta w niektórych grzybach psylocybinowych, jest jednym z przykładów takich substancji, które w ostatnich latach zdobyły szerokie uznanie. Badania nad jej potencjałem w leczeniu depresji stały się przedmiotem intensywnych analiz, które pokazują ogromne możliwości tej substancji w kontekście zdrowia psychicznego.

Naukowcy odkryli, że psylocybina może działać na mózg w sposób zupełnie inny niż tradycyjne leki przeciwdepresyjne, wpływając na sieci neuronowe i umożliwiając tworzenie nowych połączeń mózgowych. To otwiera drzwi do nowych form terapii, które mogą pomóc pacjentom, którzy nie reagują na standardowe leczenie. To przełomowe odkrycie podważa dotychczasowe rozumienie leczenia depresji, pokazując, że istnieją inne, bardziej naturalne metody, które mogą wspomóc ten proces.

Wielu badaczy zwróciło również uwagę na potencjał terapeutyczny substancji takich jak MDMA, ketamina, czy LSD, które wykazują obiecujące efekty w leczeniu depresji, lęków i innych zaburzeń psychicznych. Choć są to substancje psychodeliczne, ich zastosowanie w terapii ma na celu wywołanie kontrolowanych, lecz głębokich doświadczeń wewnętrznych, które pozwalają pacjentom na zrozumienie swoich emocji i traum. Tego rodzaju badania otwierają nowe ścieżki, które mogą stanowić przełom w leczeniu depresji i innych chorób psychicznych.

Jak nauka wspiera naturalne metody leczenia?

W ostatnich latach nauka zaczęła dostrzegać potencjał naturalnych metod leczenia, które łączą w sobie zalety zarówno tradycyjnych terapii, jak i podejść holistycznych. Zainteresowanie takimi metodami wynika z rosnącej liczby pacjentów, którzy szukają alternatyw dla farmakoterapii, obawiając się ubocznych skutków działania leków. Naukowe badania nad psylocybiną, CBD, czy terapiami opartymi na medytacji i uważności wskazują na ich skuteczność w leczeniu depresji.

Z jednej strony, nauka podkreśla potrzebę systematycznych badań klinicznych, które pozwolą na pełne zrozumienie mechanizmów działania tych substancji. Z drugiej strony, coraz więcej dowodów wskazuje, że takie naturalne podejścia mogą nie tylko wspierać proces leczenia depresji, ale również przyczynić się do ogólnej poprawy zdrowia psychicznego pacjentów, oferując im nowe narzędzia do radzenia sobie ze stresem, lękiem czy negatywnymi myślami.

W kontekście psylocybiną badania wskazują na jej zdolność do łagodzenia objawów depresji poprzez zmianę sposobu, w jaki pacjenci postrzegają swoje życie i emocje. Terapie psylocybinowe mogą być również formą doświadczenia duchowego, które pomaga pacjentom w głębszym zrozumieniu siebie i swojej depresji. Tego rodzaju holistyczne podejście, łączące elementy psychologiczne, neurobiologiczne i duchowe, staje się coraz bardziej popularne i akceptowane przez środowisko naukowe.

Współczesne badania nad CBD, czyli kannabidiolami, które są składnikami konopi indyjskich, także wskazują na ich potencjał terapeutyczny w leczeniu depresji. Choć CBD nie wywołuje efektów psychoaktywnych, jak THC, to wykazuje działanie przeciwlękowe i przeciwzapalne, co może przynieść ulgę pacjentom cierpiącym na depresję. Zainteresowanie tymi substancjami rośnie, a naukowcy prowadzą badania, które pozwolą na pełniejsze zrozumienie ich mechanizmów działania.

Warto zauważyć, że naturalne metody leczenia depresji, takie jak medytacja, uważność (mindfulness), terapia sztuką, a także zmiana stylu życia poprzez aktywność fizyczną i zdrową dietę, zyskują na popularności. Badania nad tymi metodami wskazują, że mogą one wspierać farmakoterapię, a także stanowić alternatywę dla osób, które nie chcą stosować tradycyjnych leków. To oznacza, że przyszłość leczenia depresji może obejmować szersze wykorzystanie podejść, które są mniej inwazyjne i bardziej dostosowane do indywidualnych potrzeb pacjentów.

Badania nad psylocybiną: Nadzieja na przełom w terapii depresji

Współczesne badania nad psylocybiną stają się jednym z najbardziej obiecujących kierunków w terapii depresji. Psylocybina, głównie znana ze swojego działania psychodelicznego, jest badana pod kątem swojej skuteczności w leczeniu depresji, lęków, uzależnień i innych problemów zdrowia psychicznego. Działanie psylocybiną w terapii depresji opiera się na jej wpływie na neuroplastyczność mózgu. Substancja ta może wspomagać „przeprogramowanie" negatywnych wzorców myślowych, które często są u podstaw depresji. Podczas sesji terapeutycznych pacjent ma okazję skonfrontować się z własnymi lękami i negatywnymi myślami, a dzięki zmienionemu stanowi świadomości (spowodowanemu działaniem psylocybiną), może uzyskać nowe spojrzenie na swoje życie i emocje.

Wiele badań klinicznych wskazuje na obiecujące wyniki psylocybiną w terapii osób cierpiących na depresję oporną na leczenie. Zastosowanie psylocybiny w kontrolowanym środowisku terapeutycznym, w połączeniu z psychoterapią, pozwala pacjentom na głębokie przeżywanie swoich emocji i doświadczeń, co często prowadzi do istotnej poprawy samopoczucia. To może być krokiem ku przełomowi w leczeniu depresji, zwłaszcza w przypadkach, gdzie tradycyjne leki zawiodły.

Badania nad psylocybiną obejmują różne aspekty jej wpływu na mózg. Wiadomo, że psylocybina aktywuje obszary mózgu odpowiedzialne za emocje, pamięć oraz procesy myślowe, co może prowadzić do głębokich zmian w percepcji pacjenta. Zmieniając sposób, w jaki postrzegamy rzeczywistość, substancja ta może pomóc w uwolnieniu się od negatywnych myśli i przekształceniu ich w bardziej pozytywne i konstruktywne. W połączeniu z terapią psychologiczną, psylocybina pozwala na rewizję dotychczasowych przekonań, co stanowi istotny krok w procesie leczenia depresji.

Przyszłość podejścia holistycznego: Jak świat zaczyna dostrzegać siłę terapii naturalnych?

Przyszłość leczenia depresji nie opiera się już wyłącznie na farmakoterapii. W ciągu ostatnich kilku lat, dzięki badaniom naukowym, możemy zaobserwować znaczną zmianę w podejściu do leczenia chorób psychicznych. Świat zaczyna dostrzegać siłę terapii naturalnych, takich jak psylocybina, CBD, medytacja, uważność czy terapia sztuką. W miarę jak społeczeństwa stają się coraz bardziej świadome korzyści płynących z holistycznego podejścia do zdrowia, naturalne metody leczenia zyskują na znaczeniu.

Podejście holistyczne stawia na całościowe podejście do pacjenta, uwzględniając nie tylko objawy choroby, ale również emocje, myśli i duchowość. Z tego powodu, takie metody jak terapia psylocybinowa są częścią nowego trendu, który integruje różne aspekty zdrowia psychicznego. Holistyczne podejście do leczenia depresji kładzie nacisk na uznanie zależności między umysłem, ciałem i duchem, a także promowanie terapii, które wspierają osobisty rozwój i samopoznanie.

Z perspektywy nauki, zrozumienie mechanizmów działania takich terapii pozwala na ich bezpieczne i efektywne wprowadzenie do mainstreamu. W przyszłości, holistyczne podejścia mogą stać się integralną częścią leczenia depresji, oferując pacjentom narzędzia, które pomogą im lepiej radzić sobie ze stresem, lękiem, a także z samą depresją. To nowa era, w której tradycyjne i naturalne metody leczenia współistnieją, tworząc pełniejsze i bardziej efektywne rozwiązania dla osób cierpiących na depresję.

Zakończenie

Zakończenie jest przestrzenią do refleksji na temat depresji i zdrowienia, zarówno na poziomie fizycznym, jak i psychicznym. To moment, w którym podsumowuję całą podróż, jaką czytelnik odbył wraz ze mną przez różne aspekty terapeutyczne i duchowe. Zdrowienie, jak pokazuję na przestrzeni książki, jest procesem głębokim i wieloetapowym, pełnym wyzwań, ale i nadziei. W zakończeniu chciałbym rozwinąć te tematy, podkreślając, jak istotna jest droga ku uzdrowieniu i jakie kroki mogą pomóc w tym procesie. To także zaproszenie dla każdego, kto chce podjąć próbę zmiany, aby nie rezygnował z poszukiwania, eksperymentowania i rozwijania swojego potencjału.

Nadzieja na zdrowienie

Zdrowienie, jak pokazuje wiele doświadczeń, nie jest podróżą prostą ani liniową. Zawsze pojawiają się momenty, w których tracimy wiarę, kiedy napotykamy przeszkody, które wydają się nie do pokonania. Jednak to właśnie w tych chwilach, w obliczu trudności, rodzi się prawdziwa siła. Każdy krok ku zdrowieniu, nawet jeśli jest mały, jest ważny. Nie ma jednego, uniwersalnego rozwiązania, które pasuje do wszystkich, ale są metody, które mogą ułatwić tę drogę. Psylocybina, medytacja, terapia psychodeliczna – to tylko przykłady narzędzi, które mogą wspierać nas w procesie uzdrawiania.

W trakcie książki przyglądaliśmy się wpływowi psylocybiny na naszą psychikę i emocje. Substancje te nie są jedynie narzędziem do ucieczki od problemów. Ich prawdziwa moc tkwi w tym, że pomagają nam zmierzyć się z tym, czego unikamy, z tym, co tłumimy, co nas rani. Właśnie dzięki takim doświadczeniom stajemy się bardziej świadomi siebie, swoich lęków, traumy, ale także nadziei i potencjału, który w nas drzemie.

Z czasem uczymy się, jak podejmować odpowiedzialność za swoje życie i zdrowie, jak pracować nad swoimi emocjami, umysłem i ciałem, tak by stanowiły one spójną całość, w której harmonia staje się możliwa. Zauważenie tego potencjału w sobie jest krokiem ku większemu zrozumieniu siebie i świata, w którym żyjemy.

Zdrowienie to proces, a nie cel

Zdrowienie to nie punkt na mapie, do którego można dotrzeć w sposób natychmiastowy. Jest to proces, który rozwija się na przestrzeni czasu, wymaga zaangażowania i cierpliwości. Często w tej drodze pojawiają się momenty, w których wydaje się, że wszystko idzie w złym kierunku. To naturalna część procesu – zmiany wymagają czasu, a ich efekty nie zawsze są widoczne od razu.

Każdy, kto podjął próbę zmiany, prędzej czy później zetknie się z tymi trudnymi momentami. Będzie musiał zmierzyć się z własnymi lękami, obawami, z niepewnością co do przyszłości. Często także, w obliczu wewnętrznych zmian, pojawia się chaos emocjonalny. To naturalne, że w obliczu głębokiej transformacji czujemy się zagubieni, niepewni. Jednak te chwile są niezbędne, by mogła się odbyć prawdziwa zmiana.

Wsparcie i współczucie

Zdając sobie sprawę, że każdy z nas ma swoje unikalne doświadczenia i wyzwania, które może napotkać na drodze zdrowienia, chciałbym zwrócić uwagę na rolę wsparcia. W procesie uzdrawiania niezwykle istotna jest wspólnota. Wielu z nas, w chwilach zwątpienia, może czuć się samotnych. Wydaje się, że nie ma nikogo, kto przechodzi przez to samo, że nasze problemy są wyjątkowe. To poczucie izolacji jest częstym zjawiskiem, ale nie musi być ono ostateczne.

Jest wiele osób, które przeżywają podobne trudności. Często ich doświadczenia mogą pomóc nam spojrzeć na nasze własne problemy z innej perspektywy, dać nadzieję i wskazać drogę do przodu. Dzięki takiej wspólnocie, dzięki zrozumieniu i empatii, możemy przejść przez te trudne momenty z większą siłą i wiarą w siebie. Działając wspólnie, możemy zmieniać swoje życie i życie innych, oferując sobie nawzajem pomoc i wsparcie.

Zachęta do podjęcia działania

Podjęcie decyzji o zdrowieniu, o zmianie, to najważniejszy krok. Wiem, że może to brzmieć prosto, ale dla wielu osób to ogromne wyzwanie. Warto pamiętać, że zdrowienie to nie jednorazowa decyzja, ale proces, który wymaga stałej pracy i zaangażowania. Wspólne eksperymentowanie z metodami, które mogą wspierać nas w tej drodze, jest jednym z kluczowych elementów. Psylocybina, medytacja, terapia – te narzędzia mogą być pomocne, ale ich skuteczność zależy od naszej gotowości do otwarcia się na nie i odpowiedzialności, jaką ponosimy za swój proces zdrowienia.

Zachęcam Cię, abyś nie bał się sięgnąć po te narzędzia, które mogą wprowadzić cię w głębszy stan samoświadomości i zrozumienia siebie. Każda metoda, którą wybierzesz, powinna być dostosowana do twoich indywidualnych potrzeb i możliwości. Pamiętaj, by podchodzić do tego procesu z uwagą, odpowiedzialnością i otwartością na to, co może przynieść.

Świadome podejmowanie decyzji

Jednak, jak wspomniałem, kluczem do sukcesu jest świadomość. Warto być uważnym na to, co jest odpowiednie dla nas w danym momencie, co może nam pomóc, a co może okazać się niezdrowe. Zaufaj sobie, swojej intuicji i wiedzy, którą posiadasz o sobie. To, co jest ważne, to wytrwałość, cierpliwość i gotowość, by nie poddawać się w obliczu trudności. Każdy dzień, w którym decydujesz się na mały krok ku zdrowieniu, jest krokiem ku lepszemu życiu.

Zakończenie tej książki nie jest końcem. To zaproszenie do dalszej podróży, do poszukiwania, do odkrywania nowych dróg uzdrowienia, które mogą otworzyć przed Tobą zupełnie nowe perspektywy. Każdy z nas ma w sobie potencjał, by przejść przez trudne chwile i wyjść z nich silniejszym, pełniejszym, bardziej świadomym siebie. Zatem, niech to zakończenie będzie początkiem Twojej drogi ku zdrowiu, ku lepszemu życiu, pełnemu harmonii ciała, umysłu i ducha.

O Autorze

Robert Royce to doświadczony specjalista, który od lat pomaga osobom zmagającym się z różnymi trudnościami psychicznymi, takimi jak depresja, lęk czy PTSD. Pracował w USA, Wielkiej Brytanii i Polsce, zdobywając uznanie za swoje odważne i innowacyjne podejście do terapii. Dzięki wieloletniej praktyce i zaangażowaniu, Royce zyskał reputację specjalisty, który potrafi skutecznie wspierać swoich pacjentów w ich drodze do zdrowia psychicznego.

Jest autorem książki "Forbidden Miracle – Psilocybin", w której dzieli się swoją wiedzą na temat alternatywnych metod leczenia depresji i innych zaburzeń. Royce wierzy w holistyczne podejście do zdrowia psychicznego, łącząc najnowsze badania naukowe z naturalnymi metodami, takimi jak mikrodozowanie psylocybiny. Jego książka ma na celu nie tylko edukację, ale przede wszystkim dodanie otuchy i nadziei osobom szukającym skutecznych sposobów na poprawę swojego życia.

Royce to osoba pełna pasji, która nieustannie poszukuje nowych rozwiązań w psychoterapii, aby jeszcze lepiej pomagać swoim pacjentom. Jego praca i książka są inspiracją dla tych, którzy chcą zrozumieć siebie i znaleźć drogę do wewnętrznej równowagi.